本番5分前！

絶体絶命な彼らの華麗なる決断

バタバタ状態を
乗り切る
インバスケット思考

株式会社インバスケット研究所
代表取締役
鳥原隆志

WAVE出版

はじめに

本書の特徴は、物語の主人公にあなた自身がなりきり、あなた自身が20の案件を60分でどのように判断し処理するのか考えて答えを出すという、体験型・アウトプット型の本であることです。

はじめてこの「インバスケット思考」シリーズを読まれる方にとっては、今までになかった衝撃を受けられると思います。

もちろんはじめての方にもわかりやすく解説していますので、この本からインバスケット思考に触れることもできます。

インバスケットとは、架空の人物になりきって、限られた時間の中でより多くの案件を精度高く処理するビジネスゲームですが、本書のもう1つの特徴として、今回はあえてビジネスシーンを想定していません。

インバスケットというと判断力や問題解決力を問うビジネスリーダーの必須ツールとも言われ、ビジネスシーンに特化しているように見られがちですが、私から言わせると決してそのようなことはありません。

なぜなら人は仕事上の役割以外にも、いくつもの役割を担っています。たとえば、仕事を終えて帰れば、夫であり妻でありますし、子どもがいらっしゃる方でしたら親であり、誰しも親から見れば子どもという役割を持っています。地域の団体活動に参加されている方もいますし、趣味の仲間と活動している役割もあります。

これらの役割には、すべて判断が必要であり、問題解決力も求められます。仕事をもたない方や仕事以外の場面でも、生きていくうえで必要なのがインバスケット思考なのです。

インバスケット思考シリーズとして本書は、あえてビジネスシーンをはずして日常の中で次から次へと判断をしなければならない状況を設定し問題を作りました。

本書には私の1作目の『究極の判断力を身につけるインバスケット思考』（小社刊）の登場人物が再び出てきて奮闘しますが、1作目をまだお読みでなくても、この本を読むうえではまったく支障はありません。

また、本シリーズをすでに読まれている方には、新しい設定と複雑に絡み合うインバスケット問題を用意しましたので、あなた自身が今まで身につけられたインバスケット思考が本当に活用できるのか試してみてください。

本書のストーリーは、デビューコンサートの開演が60分後に迫ったバンドチームのリーダーとしてさまざまな判断をして、いかに絶体絶命の局面を切り抜けコンサートを成功に導くかというものです。

ぜひ、ゲーム感覚でインバスケット思考を体験し、あなたの行動の変革スイッチを探してみてください。

本番5分前！　絶体絶命な彼らの華麗なる決断　もくじ

decision ［解決編］

epilogue［エピローグ］

ブックデザイン　水戸部 功
装画　カスヤナガト
DTP　NOAH
校正　小倉優子

p r o l o g u e

1　奈々の悩み

奈々《なな》のいつもの朝が始まった。

クマ柄の薄いベージュの遮光カーテンを開けると、テラスから庭の緑の木々が明るく広がった。同時に太陽の光が部屋いっぱいに差し込み、花柄の壁紙を真っ白に輝かせた。すでに通勤通学時間は終わり、静けさの中に、庭の向こうの私道を走っているのだろうか、スクーターの音だけが聞こえてきた。

奈々は昨日の飲みかけのペットボトルの紅茶のにおいをくんくん嗅いで、コップに注いだ。そして、机の上に開かれたままの雑誌を手に取り、ベッドに寝転がりながら広げなおした。色とりどりのアート写真で誌面いっぱいに彩られたページを開き、眺めながら紅茶とポテトチップスを交互に口に運ぶ。そして、アイデアが思い浮かぶと、自分の机に飛び込むようにしてノートを開き、デザインを描いた。

1　奈々の悩み

「カメさんのイメージで……うーん、ちがう、カメさん……」

頭を抱えながら鉛筆を白い紙に走らせ、書きあがるとセロハンテープで壁に貼った。すでに１００枚以上のデッサンが壁一面に貼られている。

ときおり、窓を開けっぱなしにしていると、強風で貼ってあるデッサンがはがれ、床に散乱していることがある。今日は窓を開けていても微かにレースカーテンを揺らす程度の風のようで、大丈夫そうだ。

静かな空間に突然、マシンガンの音が響き渡った。

奈々はあわててベッドに飛び込んだ。そして枕元の携帯をつかむ。マシンガンの着信音は、アルバイト先のケーキ屋の店長である、青山《あおやま》みあからの電話の着信音だった。

「店長、おはようございまーっす。奈々は今日も元気ですっ。今、カメさん描いてたんですよ。店長はカメさん好きですか」

電話の向こうでは、みあが困惑した声を発した。

「な、なに、か、カメ……それより、柴田さん、どうしたの?」

「どうしたって、カメおかしいですか、スッポンじゃなくて、かわいいミドリガメですよ」

電話の向こうでみあはため息をついて言った。

「カメのことじゃなくて、柴田さん、今、何時かわかってる? 今日、早番《はやばん》でしょ。もう1時間も遅刻よ」

奈々はベッドから飛び起きながら叫んだ。

「ええーっ! 木曜日は、奈々、遅番《おそばん》ですよっ……あれ、今日は何曜日だ?」

「水曜日だけど」

みあはあきらめた声で言った。

「店長ーっ、ごめんなさいっ。奈々、超スピードで急行します」

奈々はピンクの電動アシスト自転車に飛び乗り、ワニの口をかたどったバッグをたすき掛けにして、おでこ全開でケーキのたま東京中央店に向かった。


ケーキのたま東京中央店に到着すると従業員通用口からそっと入り、ロッカールームにすべり込んだ。息をひそめながら店長の青山みあに見つからないようにあわてて着替える。紺のワンピースに白のエプロン、頭には白の三角巾をつけ、

「ようっし、準備オッケー、行くぞっ」

ロッカールームを飛び出すと、そこには、冷たく笑った青山みあが立っていた。

プロローグ

1　奈々の悩み

「やばっ。て、店長、お、おはようございますっ。奈々がんばって飛ばしてきました。早かったでしょ……」

みあの口元は笑っているが、目は笑っていない。

「柴田さん、おはよう。ちょっとこっちに来なさい」

「あ、奈々、わかった。ズバリ、店長は奈々を叱る気でしょう」

「あたりまえでしょっ。これで何回目なのっ。あれだけ、前回も叱ったのに」

みあは奈々を店長用の事務机のある応接スペースに連れて行き、近くにあったパイプいすに座らせた。

「柴田さん、あのね。どうして前日にきちんと確認しないの。確認しないからこんなことになるんでしょ。ねえ、柴田さん、聞いてる？」

奈々は小さくうなずきながら、嵐が過ぎるのを待った。

「柴田さんはここで働いて何年になるの？　いい加減自覚をもって」

青山みあに叱られながら、

〝奈々、何年ここで働いているんだろう……〟と、ぼんやりと頭の中で数えた。

奈々がこのお店で働き出して、来月でちょうど2年になる。今は生ケーキの発注と展示ディスプレイ、それから手書きのＰＯＰを担当している。

ディスプレイと手書きＰＯＰでは、社内のコンクールでも入賞するなど、店長のみあも一目置いている。しかし、生ケーキの発注では桁間違いや発注自体を忘れるなど、過去数回始末書を書き、本社にも呼びだされる常習者として社内でも有名で、先月は社内報の取材まで受けている。


「ね、聞いてるの、柴田さん。どうして何かやる前に確認をしないの？」

「あ、はいっ、奈々、店長のお話、耳の穴かっぽじって聞いてますっ」

〝なぜ、確認しないって……奈々、どうして確認しないんだろう〟


さかのぼれば小学校の遠足のお弁当を忘れたり、高校の受験日を間違えたり、今に始まったことではないのだが、奈々はふと、どうして、自分は失敗するのだろうと考えた。いつも失敗のあとに次から気をつけようと思うのだが、気がつくと今回のようにあとの祭りになっている。


「あと、柴田さん、私が昨日お願いしたこと覚えてる？」

みあは奈々の顔をのぞき込むように尋ねた。

「え。え。あ。バナナ丸ごとロールのＰＯＰですか。あれかわいいでしょ」

みあは冷めた顔で、首を横に振った。

「ちがいますかあ、残念。ひょっとして……奈々、なんかまたやっちゃいましたか？」

「5号の……って言ったら思い出せる？」

「あ、ああっ。5号の……なんでしたっけ」

みあはあきれながら、

「5号のケーキ箱を100個発注しておいてってお願いしたわよね」

と言った。

奈々は斜め上を見ながら考えた。

「おおっと、奈々、ちゃんと思い出しました」

「で、やったの？」

「店長、ちょっとジャストモーメント、今記憶をさかのぼるから……うーんと、店長から言われて、そのあとすぐに発注書をファックスで流そうとしたら……そうだ、電話が鳴って……それを金田副店長に引き継いで……そしたらお客様に呼ばれて……あっ」

奈々は自分のエプロンのポケットから4つ折りになった紙をあわてて取り出した。

「て、店長っ。奈々、発注忘れちゃいました。どうしましょう。大ピンチ、奈々……」

「柴田さん、しっかりして。こんなことじゃお仕事まかせられないわよ。今回は私から発注しておきました。どうしてメモして確認しないの」

「す、すいません。ぐすっ。奈々きちんとメモしたんですけど、ぐす、ここにメモしちゃったんで、ぐす、手を洗ったら消えちゃって、ぐす」

そう言いながらみあに手の甲を見せた。もうすでに何も書いた形跡は残っていない。

「これもすべて確認という作業ができてないからでしょう。今後気をつけないと社会人になったらこんなことでは大変よ。それにこのままでは……」

みあがそう言いかけると、奈々の目からは涙があふれ出し、やがておさえきれずに号泣した。

〝どうして奈々はこんな失敗をするのだろう、奈々、このままじゃこの歳でリストラ〟

奈々の頭の中では、寒い夜の公園でワニのバッグを持ってベンチにひとり座っている映像が浮かんだ。

そう思うと自分のスイッチが突然オフになったかのようだった。奈々は限りなく広がる暗い闇の世界へどんどん落ちていくような感覚に襲われた。

〝私ってダメなんだ、役に立たないんだ、いても仕方ないんだ〟

「柴田さん、そんなに泣かなくても……ほら」

みあは奈々にハンカチを差し出した。

しかし、奈々はそれを受け取ることができなかった。ハンカチを受け取る資格さえないと思ったからだ。

「私なんか全然ダメなんだ……奈々、リストラいやだ……」

奈々は泣きながら、はっきりとつぶやいた。

みあは奈々の横に移動し、奈々の背中をなでながら言った。

「リ、リストラって……あのね、柴田さんはダメな子じゃないの、もう少しなの。がんばってほしいからお話ししてるのよ」

みあは奈々の手をとり、ハンカチをにぎりしめさせた。

奈々は力を入れていた手を少し緩め、ハンカチをぎゅっとにぎった。

「店長っ、奈々なんかいないほうがいいと思ってるんでしょ。奈々、ピピってわかるもん」

大粒の涙がこぼれるのをおさえるように口をへの字に曲げて耐えようとしたが、奈々の手の甲には閉め忘れた蛇口のように、定期的にしずくが落ちた。

「そんなことないわよ。柴田さんがいなかったら誰が手書きＰＯＰ描くの？　それに、クマさんのディスプレイも柴田さんにしかできないし、あのかわいいリボンも柴田さんがいないと誰も作れないわ」

「……」

「あと、えっと、ほら、天井の蛍光灯を磨くのも、入ってきたスズメを追い出すのも、柴田さんがいないと……。だから、柴田さんはこのお店に必要なのよ」

「……ほんとに……奈々がいないとダメ？」

奈々の頭の中の闇の世界では、明るいトンネルの出口が高速で近づいてきた。

「よしっ。そうですよね。奈々ががんばらないと、うん、よし、店長っ。奈々、今日からスーパー奈々になりますっ」

奈々は勢いよく立ち上がり、売場のほうに走り出した。

〝よしっ。今までの失敗を取り戻すぞ！〟

「ちょ、ちょっと、柴田さん、まだ話が……ハンカチも……もうっ」

みあのため息のような声は、すでに別世界に行ってしまった奈々の耳には届かなかった。

2 あゆみの悩み

あゆみの朝が始まった。

あゆみの背丈よりはるかに高いストライプのカーテンを開けると、白いレースカーテンが朝日を波のように受け、やわらかな白い光を部屋に広げた。

あゆみが鏡台に向かい髪の毛を整えはじめると、ペルシア猫のキャンネルが膝に乗っかってきた。あゆみはキャンネルの長い毛をゆっくりとなで、朝のあいさつをした。そしてキャンネルを抱きかかえながら、1階へ続くらせん状の階段をおりて行った。


リビングには経済情勢を告げるアナウンサーの声が流れていた。紺色のスーツをまとい、紅茶を飲みながら経済新聞を読む母の貞子《さだこ》を、よりふさわしく演出しているようだ。

あゆみは他人行儀に貞子にお辞儀をした。貞子は満足げにあゆみに声をかけた。

「あゆみちゃん。おはよう。よく眠れたかしら」

あゆみがうなずいてキャンネルを床におろすと、キャンネルはそのままキッチンの隅にあるエサ入れに一目散に向かい、音を立ててミルクを飲みだした。

あゆみはその光景をしばらく見つめていた。

「あゆみちゃん、いつまでもぼうっとしてないで、自分のことをなさい」

貞子からそう指摘されると、あゆみは音をたてないようにイスを引き、腰をおろした。

あゆみが座るのを見届けて、貞子は言った。

「今日はね、お父様が早く帰って来られるから、そのままお食事に行くわね」

あゆみは取りかけたフォークをサラダの手前で止め、聞き返した。

「お母様、私はどうしたらいいの」

「あゆみちゃんは今日は7時に帰ってきて。お父様と一緒に待っているからね」

あゆみはそれを聞いて顔を曇らせた。

「え、お母様、今日は私、夜8時までお仕事なの、だから……」

「じゃあ、早退なさい。他にも店員さんいるんでしょ」

「え……でも……」

「じゃあ、お母さんが店長さんに電話してあげるわ。えっと、青山さんって言ったわね」

あゆみは大きく首を振って静かに言った。

「お母様……私、自分で店長にお願いします」

貞子は経済新聞を荒っぽく畳み、あゆみをにらんだ。

「もし、何か言われるようだったら、今度こそそんなお店おやめなさい。だいたい、お母さんもお父様も、アルバイトならともかく、あんなケーキ屋にあなたを就職させるつもりはまったくないわ。なんのために小学校から大学まで名門の聖カーロスペア学園に通わせたかわからないわ」

あゆみは体を少しすくめて、嵐が過ぎ去るのを待つように構えた。

貞子はその姿を見て、眉間にしわを寄せてさらに言葉を投げた。

2　あゆみの悩み

「いい、あゆみちゃん。あなたは私の言う通りにしていれば間違いはないの。アルバイトとお仕事はまったくちがうわ。アルバイトはしょせんアルバイト。あなたはお父様の銀行に入行するべきなの。仮にあんなケーキ屋に就職したとわかったら、親せきから何を言われるか……ねえ、あゆみちゃん、わかるわね」

あゆみは目をつぶってただ、下を向いていた。

母の貞子がいつもより大きく見え、自分の逃げ道をふさいでいるようだ。

そのとき、貞子の携帯電話が鳴った。貞子は3コールまではあゆみをにらみつけたまま、留守番電話に変わる手前でようやくあゆみから視線をそらした。

あゆみは持ったフォークをサラダにさして、急いで口に運んだ。

あゆみは出勤途中の電車の中で、扉付近に立ちながら、どうやって店長のみあに早退を申し出るか悩んでいた。あゆみの頭の中には、昨日、みあから言われた言葉が重くのしかかっていた。

「正社員になったら、今より責任ある仕事をしなくちゃね」

みあがあゆみにやさしい微笑みと一緒にくれた言葉である。

そのみあの残念そうな顔を思い浮かべるとどうしたらいいかわからなかった。

あゆみは携帯電話をいじり、ため息をついてアプリの星占いを眺めていた。どうしようもなくなったときは占いや神様に頼る。今までそうやって悩みを解決、いや封じ込んできた。あゆみがこれまで得たことは、できるだけ叱られないようにするには自分で判断せず、誰かの判断に頼るということだ。もっぱら、今までのあゆみの人生の大きな判断の多くは、母の貞子がしてきた。

あゆみは星占いに答えを見出そうとしつつ、母からのＧＰＳ追跡機能のついた赤い色の携帯電話を今日は少し重く感じるように思った。いつもは母親から守られている安心感を与えてくれるのだが。

「おはようございます」

ケーキのたま東京中央店に着くと、あゆみは誰に言うでもなく、あいさつしながら従業員通用口を開けた。

ロッカーの奥の応接スペースですすり泣く声がする。店長の青山みあと柴田《しばた》奈々が話し合いをしているようだ。

〝奈々ちゃん、泣いてる？　どうしたんだろう〟

気になりながらも、そのまま横をすり抜けロッカールームに入る。そして着替えながら耳を澄ませ、何があったのかを聞き取ろうとした。単なる興味からではなかった。奈々のことも気になったが、あゆみ自身がみあに早退の許可を得るためのタイミングを計っていたのだ。

しかし、ボイラーの低音でよく聞こえない。

〝早退したいと言ったら、きっと私もあんなふうに叱られるのかな……〟

あゆみは泣きじゃくる奈々の姿に自分を重ねた。その瞬間、ある考えが浮かんだ。

〝そうだ、この前みたいに体調が悪そうに見えれば、帰っていいよ、と言ってくれるかも〟

悪魔のささやきとはこのことだ。あゆみはわかっていた。

頭の中を他人に支配されているような感覚で、自分のロッカーのカギを閉めた瞬間、奈々の明るい声と同時に、バタバタと衛生用の靴が床の上をたたくような音がして、通路を走り抜け、あっという間に消えた。

あゆみがロッカールームから出ると、青山みあと鉢合わせした。

「あ、仲《なか》さん、おはよう」

「て、店長。お、おはようございます」

先ほどの2人の会話をちらりと聞いてしまっただけに、何から話せばいいかわからず、あゆみは戸惑った。

「まったく、柴田さんは立ちなおりが早いわね。ね」

みあは腕を組みながらあゆみに同意を求めるように笑った。

あゆみもとっさにつられて笑ったが、あまり元気そうにすると例の作戦が使えなくなるので、不自然な笑いとなった。

「あ、仲さん、そういえば本社から書類届いたわよ。えっと……」

みあは、自分の机の引き出しから白い社内封筒を取り出して、折りたたまれた書類を丁寧に伸ばした。

「えっと、これがエントリーシートね。それから、これが志望動機書。……仲さん、聞いてる？」

あゆみは正直ちがうことを考えていた。この書類を両親に見せたらどうなるのか。きっと大反対される。あゆみはみあに聞いた。

「あの、これって、親のサインとか必要ですか」

みあは、書類を数枚見てから答えた。

「今の段階では必要ないけど、会社に入るときは身元保証人とかで必要になると思うわよ
……仲さん、ひょっとして」

みあはあゆみに一歩近づいた。あゆみは少し後ろにのけぞった。

「また、お母様が……？」

あゆみはとりなそうと首を振ったが、否定する言葉をみあに告げることはできなかった。

みあは状況を悟ったかのように、

「仲さん、就職は自分の意思で決めるべきだと思うわ。自分の人生は自分自身で決めなければ後悔するわよ。仲さんはこの仕事を続けて、正社員になって、将来自分のお店を持ちたいのでしょう？　ならお母様にきちんと自分の意思を伝えるべきよ。どう思う？」

みあに意見を求められ、あゆみは無理に口角をあげて笑おうとした。

〝そんなこと、言われなくてもわかっている、でも……〟

あゆみは混乱し、どこかに逃げてしまいたい気持ちだった。

「……ありがとうございます」

答えになっていないのはわかりながら、あゆみはそう言って頭を下げ、みあの持っている書類を受け取るとロッカールームに静かに戻った。

3 ケーキのたま

ケーキのたま東京中央店は、複数の私鉄が乗り入れるターミナルビルの中にあるエキナカのお店だ。今日も多くのお客様がショーケースを囲んでいる。お昼休み前の若いOLや、老夫婦らしき男女が楽しそうに商品を選んでいる。

奈々はブラウスをひじまでめくりあげて、手洗いと消毒殺菌をおこない、カウンターに入った。洋菓子部門のチーフの立花碧《たちばなあおい》と早番アルバイトの岩本舞《いわもとまい》がカウンター越しに接客をしている。立花は老紳士を、岩本は若い制服の女性2人のオーダーを受けていた。その後ろにも5組ほどお客様が並んでいた。

〝よし、奈々、出陣!! 急がねばっ〟

「いらっしゃいませえ。次にお待ちのお客様どうぞっ」

立花と岩本の間に入りオーダーを受ける姿勢を取った。

スッと、麻のジャケットを着た背の高い男性が奈々の前に立った。

〝かっこいい！　朝一のお客様がイケメン、今日の奈々はついてる！〟

奈々の顔は自然にほころんだ。

「いらっしゃいませ、今日のおすすめはスーパーパウンドケーキです。いかがですかあっ」

「え、ああ、い、いや、あの、もっとなんというか……」

男性客は奈々のテンションの高さにたじろいだ。

〝あ、これは何かある。……判明っ！　ケンカした彼女に渡すケーキだわ、きっと〟

奈々はショーケースに身を乗り出す姿勢で指をさしながら言った。

「では、お客様、こちらのウルトラビッグシュークリームはいかがでしょう。口のまわりがクリームだらけで大笑い、きっと仲直りできますよ、えい、これにしちゃえっ」

「え？　いや、仲直り……じゃなくて、あの、これ」

男性客は視線を合わせずに、ショーケースの中の下から2番目に2列あるケーキを指差した。奈々はさらに身を乗り出して、男性の細い指が示した先を、点線を書くように目で追った。

「えっ、まさかっ。この乙女のプリティクマさんケーキ……ですか？」

男性は奈々の大声にまわりを気にしながら、小さくうなずいた。

〝ああ、なるほどっ。彼女との仲直りのしるしにこのケーキを一緒に食べるのかあ〟

「かしこまりました。乙女のプリティクマさんケーキをお2つでよろしいですか」

「え、いや、あの1つでいいです」

「えっ、お1つですかあっ」

男性客は顔を赤くしていた。両隣のお客様もこのやりとりを見ている。岩本がオーダーを聞いている制服姿の若い女性は笑っている。

コツッ。

奈々の靴に何かがあたった。見ると、立花の足だった。

「チーフぅ。気をつけてくださいよー」

奈々が小声で抗議しながら立花に顔を向けると、立花の目は怒りの字が浮かんでいるような鋭いまなざしだった。

〝やばっ、チーフ怒ってる？〟

男性客も嫌悪感をあらわにしながら言った。

「あの、このケーキはうちの社長の御嬢さん用なんです。だから1つでいいんです。それより急いでるんですけど……」

「え、彼女じゃなかったんですかあ、奈々ショックっ。てっきり彼女用かと……えっと、あれ？」

奈々はエプロンのポケットから注文票を取りだして、愛用のボールペンを探した。

「あれ、ペンがない……奈々のネコちゃんペン知りません？　チーフ」

奈々が自分の制服のあちこちをさわってあたふたしていると、左から岩本が自分のペンをそっと差し出した。

「あ、舞、ありがとっ！　……では、乙女のプリティクマさんケーキ、1つ入りまーす。ありがとうございまーす」


ショーケースの柱の裏には簡単な事務スペースがある。ラッピングをしたり、熨斗《のし》を書いたりするための机一台分のスペースだ。立花は、そこに奈々を呼んだ。

「柴田さん、規則でまず、カウンターに入る前には必ず接客用語を唱和してから、身だしなみを整えてくるようになっている、これ知っているわよね」

「あたりまえですよー、奈々は知ってますよー」

「じゃあ、どうしてオーダーを受ける際のペンがないの。それに接客用語もどこから指導すればいいのかわからないほど、なってないわ」

「そうなんですっ、ネコちゃんペン、昨日まではあったのに、さっき気づいたらなくなっていたんです。チーフ、どこに行ったか知りませんか」

「柴田さん、私が聞いてるの。どうして、カウンターに出る前に準備や確認をしないの」

「だって、奈々が接客用語を唱えようとしたら、カウンターが大混雑しているのが見えたから、すぐに出動しないと……と思って」

「すぐに出動って……決められたことは守って。それに、先ほどのお客様に対しても失礼じゃないの。どうして接客のマナーがわからないの」

「だって、奈々はあのお客様はきっと彼女とケンカしたんだと思って……予想がはずれて超ショックです」

「ショックとかいう問題じゃなくて……。まったく、何が問題かわかっていないようね」

「えっ、奈々の予想がはずれたから怒ってるんじゃないんですか」

「ちがうわ、お客様を困らせたから怒っているんでしょ。勝手にお客様に自分の妄想を押しつけて……以前も、女性のお客様にご希望とちがう商品を押しつけようとしたでしょ」

「え？　ああ、奈々は、あのお客様が少しダイエットが必要だと思って、カロリー控えめの、ノンカロリーゼリーケーキをおすすめしたんですよ。でもお客様が怒り出して……おすすめは何か聞かれたから答えただけなのに、ひどいと思いませんか、チーフ」

　奈々は大きな手振りで立花に訴えた。

　立花はイライラしながら、

「あーっ、もう！　話がかみ合わない！　ともかく、勝手なことはしないで、マニュアル通りに接客して、決まりは守ってっ。いいわね」

奈々が反論しようと口を開きかけるとそれを手をあげて制して、

「いいわね」と、さらに釘を刺した。

奈々には最後まで立花が何を怒っているのかわからなかったが、余計なことはしないようにしようと少し思った。いや、とりあえず思った。


奈々がカウンターに戻ると、あゆみが出勤していた。

奈々はあゆみをはじめて見たとき、まるでお人形さんのようだと思った。顔立ちもそうだが、何を言われても静かにうなずき、微笑む彼女が、奈々には物珍しくうつった。

最初の数週間はほとんど会話もなかったのだが、自然とひと言ふた言ことばを交わすようになり、今ではバイト以外でも買い物に行ったりお茶をしたりする仲となった。

「あゆみちゃん、おはよう。どうしたの？　浮かない顔して。あゆみちゃんがそんな顔してると奈々まで悲しくなるよ。しくしく」

奈々は泣きまねをして見せた。

「おはよう、奈々ちゃん。あのね……あ、ううん、なんでもない」

奈々はあゆみの何か言いたげな様子を見て、

「わかったっ。さては、好きな人ができたとか……うんうん、奈々が聞いてあげるよ、奈々、キューピットだもん。あとで一緒に休憩行こう」

「あ、そんなんじゃ全然……でも、奈々ちゃんこそ、さっき店長とお話ししてたみたいだったけど」

「あー、あれは、私が遅刻しちゃって……というより、奈々、今日をてっきり昨日だと思っちゃって」

「えっ、それって……？」

「はは、奈々もびっくりした。でも大丈夫、店長もまたか、て感じだし。奈々、がんばる」

奈々は力こぶを作った。

雑談している2人を見つけたのか、立花がこちらにつかつかと歩み寄る。

「まずっ、チーフ来た。大丈夫だよ、あゆみちゃん、奈々が守るから」

そう言うと、奈々は立花に大きな声で呼びかけた。

「チーフぅ、奈々、超悩んでいることあるんですけどぉ」

「柴田さん、なに」

立花は時間をかけずに答えた。

「合格祈願ケーキのPOP、カエルさんでいこうと思ったら、金田副店長に、おまえが帰れ、って怒られて……だから、アヒルさんでいこうと思ってるんですけど……どっちがいいと思いますかあ」

「悪いけど、そんなことならあとにして。……あ、仲さん、今、いいかしら」

「は、はい」

あゆみはびくっとして顔をあげた。

「柴田さんはカウンターに入って。仲さん、このケーキの発注の件だけど……」

奈々は少しふてくされた顔でその場を離れたが、立花とあゆみの様子をチラチラ見ている。

あゆみは立花の差し出したケーキの発注表をじっと見つめた。そこにはあゆみが昨日発注したケーキの数が、少し小さめの鉛筆の字で書いてあった。

「どうして、これ、私が前日発注した内容と同じなの？」

あゆみは自分の発注に自信がなくて、前の日に立花が発注した内容と同じにしたのだ。

「え……それは……」

〝チーフと同じ数にしておけば、失敗しても怒られないと思ったから……〟

でも、それをあゆみは口にすることはできなかった。

「あのね。ケーキの発注はその日の気温や天気、曜日やイベントなどを考えて決定しなければならないのよ。だから、前日とまったく一緒の発注量なんてありえないわよね」

「はい……」

「仲さんに発注をお願いすると、必ず誰かの発注をそのまま使うじゃない。それなら、仲さんにお願いする意味がないと思わない？」

「はい……」

「今日、もう一度お願いするから、自分なりに考えて発注をしてくれる？　私がそのあとチェックするから、自分で判断して決めるのよ」

「はい……。あの、柴田さんにお願いはできないですか」

「仲さん、あなた、このケーキのたまの社員を目指しているんでしょ。だったら、今から自分で判断をする練習をしておかないと。そんなことじゃ、アルバイトさんにもバカにされちゃうわよ」

立花はそう言うと、発注のバインダーをあゆみに押しつけるように渡した。

この発注という作業は、閉店の1時間前、つまり19時からするべき作業だった。この作業をまかされると決まったら、19時に早退するのは難しい。それに、明日のお店の売上げを左右する重要な判断を自分がするると思っただけでも、あゆみは自分の体重以上の荷物を背負わせられた気分だった。


あゆみは小さくため息をつきながら、カウンターに戻った。

奈々はＰＯＰを書きながら楽しそうに鼻歌を歌っている。そして、あゆみがカウンターに入ってくると、まわりを気にしながらあゆみの横に並んだ。

「あゆみちゃん、チーフ、なんか超怖い顔してたけど……」

奈々は頭に手でツノの形をつくって見せた。

「うん……これ、まかせられちゃった」

あゆみは奈々に生ケーキの発注書を見せた。

「おおーっ。これは発注っ。すごい。スペシャル重要な仕事じゃん」

「でも私、発注、苦手なの」

あゆみはバインダーを開きながら、小さく言った。

「あゆみちゃんは自分で決めるタイプじゃないからね。でも、あまり深く考えずにテキトーにやっちゃうほうが、ピッタリになったりして」

「えー、そんなの……」

「奈々、この前、エイッてやったよ。そしたら意外にうまくいった。まあ失敗と言えば、エクレアの欄が1行ずれちゃってたみたいで、イチゴエクレアがすぐになくなって、メロンエクレアが大量に余って、金田副店長から買って帰れって言われたけど」

「奈々ちゃんみたいに判断力があればいいけど、私は…… 〝だからこうしろ〟って言ったでしょう〟とか、〝あなたのせいよ〟っていう声が聞こえてきて……」

「よし、奈々があゆみちゃんのために、このあとの休憩で、ドーナッツスイートのドーナッツをご馳走しよう！　あ、いらっしゃいませー。お決まりでしたらおうかがいいたしまーす」

奈々はカウンターのお客様の前に立った。

4 思いがけない知らせ

奈々はタピオカ入りのココナッツミルクとドーナッツを2個、あゆみはアイスティーとドーナッツを1個トレーに入れて、窓際の木製のテーブルにそっと腰をおろした。

奈々はプラスチックの容器にタピオカ専用の太いストローを突き刺し、タピオカをストローで追いかけまわしながら、あゆみに話しかけた。

「ねえねえ、あゆみちゃん、店長の彼氏のこと知ってる？」

「え、店長ってやっぱり彼氏いたんだ……」

あゆみはアイスティーにシロップを入れて、空いた容器をトレーの隅に置いた。

「奈々、聞いちゃったんだあ。彼氏ね、仕事で東南アジアに行っちゃったんだって。超ショックでしょ。奈々、もらい泣きしたもん」

「そうなんだ……」

「奈々なら、一緒に東南アジアでもシベリアでも一緒に行くけどなあ。バリ島もいいなあ。お金があればだけどねっ」

「そうだね。……あ。奈々ちゃん、あのね……実は……」

あゆみがそう言いかけたときに、奈々の携帯のバイブが鳴った。

「おっと、あゆみちゃん、ちょっと待ってね。はい、奈々でーす。うい、明美《あけみ》どうした」

電話を取った瞬間の笑顔から一転、表情がゆがみ、奈々は大声をあげた。

「ええっ。まじでっ。ちょ、ちょっと、超やばいじゃん。大丈夫なの？　で、手はいつ治るの？　……えっ、3カ月って、どうするの……うん、わかった。奈々ショック。うん、さらば」

奈々は電話を切ると頭を抱え、世の中の不幸をいっぺんに背負ったような暗い表情でつぶやいた。

「奈々、超ピンチ……奈々はドラムとキーボードを一緒にやらねばならぬ……」

あゆみが聞き返した。

「え、それバンドのこと？　誰かケガしたの？」

「キーボード担当の明美が、建設現場で機械に腕をはさんで、ザクザク骨折だって。治るまで3カ月ってことは……10月のコンサート、やばいじゃん」

「奈々ちゃん、それって複雑骨折じゃ……」

「そうそう。その複雑骨折。だからキーボード弾けない……奈々、キーボード弾けないけど、片手でスティック持って、片手でキーボード……ちがうなあ、手がもう一本あれば……どうすれば……」

「それって無理があるんじゃ……。キーボードがいないとコンサートできないの？」

「そうなのよ。奈々も別になくてもいいと思うんだけど、今練習している曲がどうしてもキーボードがいるの。やばいなあ……あ、そういえば！」

奈々は突然はじかれたように満面の笑みをあゆみに向けた。

「ねえ、あゆみちゃんたしかピアノ習ってたよね。たしか、高校のときはコンクールに入賞したとか、この前、店長とあゆみちゃんのお母さんがお話ししてるの聞いたんだ。ね、お願い、明美のかわりにコンサートに出てちょうだいっ」

奈々はあゆみの手を力強くにぎりしめて迫った。

「ええっ？　あ、いや、私そんなのできっこないよ。失敗したら大変だし、今からなんて……」

「大丈夫、奈々が特訓してあげるし、あゆみちゃんならすぐにできるよ。よし、みんなに連絡しておくよ」

「奈々ちゃん、ちょっと待って、私困るよ……私がやってるのはクラシックピアノだし……お母さんも、バンドやるなんて言ったら、なんて言われるか……絶対反対される」

奈々は太いストローで黒いタピオカを吸い上げながら、目だけきょろきょろ動かして考えた。

「そうだ、あゆみちゃん。お母さんにはこう言えばいいんじゃない？　バンドじゃなくてアンサンブルに入るって……へへ、奈々天才っ！　……これ、ウソじゃないもんね」

「アンサンブル……でも、やっぱり」

あゆみが暗い顔をして言葉を濁すと、奈々の表情が急変した。目は次第にうるんで赤く充血していく。

「奈々ちゃん……」

あゆみはどうしたらいいかわからず、奈々の顔を見つめた。同時に悲しい気持ちにも襲われた。

〝奈々ちゃんだけには嫌われたくない。たとえお母さんに叱られても〟

奈々の目にはどんどん涙がたまっていき、今にもあふれ出しそうだった。

「いいよ、奈々はひとりで、ヒック、奈々は大丈夫、ヒック、なんとかする」

奈々はいよいよ顔を紅潮させてうつむき、涙を必死でこらえているようだった。あゆみは思わず奈々の肩に手を置きかけたが、奈々の口元がかすかに笑おうとしているのが見え、あゆみには、それが偽りの表情であることがわかった。

考えるより先に、あゆみの口から言葉が飛び出していた。

「奈々ちゃん、一度お母さんに聞いてみる。だから……」

奈々は勢いよく顔をあげた。表情には一気に明るさがよみがえっている。

「あゆみちゃん、ありがとうっ！　あゆみちゃんは奈々の女神だよ、ヒーローだよ、ヒロインだよっ。大好きっ。で、もう1つお願いっ。今日さあ、私、明美のお見舞いに行くから、早退したい。最終《ラスト》お願いしていい？」

奈々のパワーに押されるように、あゆみは反射的に小さくうなずいた。

〝そうか、奈々ちゃんがお見舞いに行くから、自分がお店にいなければならないっていう理由なら、お母様も納得してくれるかも……〟

少し奈々には申し訳ないと思ったが、あゆみはその考えをそのまま実行にうつしたのだった。


あゆみは自宅に戻り、父親と母親の前で〝コンサート〟のことを話した。

両親はクラシック音楽のアンサンブルだと思い込んで、かつ、コンサートに出演できるということならば、と父親が快く承諾した。母親の貞子は、門限や交際などの条件はつけたものの、父親がうなずいたのでしぶしぶ認めた。

あゆみが今まで生きてきてはじめて、籠の鳥が籠の外へ飛び立つ出口を見つけたような、晴れやかな気分だった。

5 バンド「ミラクル」

翌日、あゆみは早番の奈々に、両親から了解を得られたことを伝えた。

すると、奈々はサッカーのゴールを決めたように店内を走り回って喜んだ。そのあと立花に注意をされていたが、あゆみは自分の存在がこれだけ必要とされていることに、今まで味わったことのなかった感動を覚えた。


早番終了後、奈々はあゆみをバンドの練習をしているメンバーの1人の自宅兼スタジオに案内した。奈々は鉄製のノブを回して重たそうな鉄のドアをあけると、靴が散乱した玄関のすき間でちょこんと靴を脱いだ。あゆみも同じようにした。奈々は手をパンパンとたたいて、

「みんなあ、新しいメンバー連れてきたよ。キーボードのあゆみちゃんです。みんな拍手、もっと拍手、こら、そこの2人。ノリ悪いねえ」と叫んだ。

室内にいた3人がうながされて拍手をしたが、拍手喝采にはほど遠く、まばらな気の抜けた音が返ってきて、打ちっぱなしのコンクリート壁に響いた。そしてまたすぐ奈々とあゆみに背を向け、再び練習を始めた。

「まったくもうっ。ごめんねあゆみちゃん、練習、もうちょっとしたら終わらせるから……あいつら、ノリだしたら朝までやっちゃうくらいなんだ、練習」

「いいよ、突然来たんだもん……」

あゆみは奈々に尋ねた。

「ねえ、奈々ちゃん、どうしてバンドの名前は〝ミラクル〟って言うの?」

「奈々もよく知らないんだけど、はじめは〝ミラークルージングバンド〟だったらしいんだけど、長いから短縮したって言ってたよ。奈々はミルクのほうがいいと思うんだけど」

「そうなんだ。奈々ちゃんはどうしてこのバンドに入ったの?」

「えっとね、奈々がゲーセンで太鼓のゲームやってたら、やってみないってスカウトされたの、バンドのリーダーに。奈々、超びっくりしたけど、そのままバンドに入ったの、すごいでしょっ」

あゆみは苦笑いした。

「たしかにすごい……ゲームセンター、ね」

今日の練習には3人のメンバーが参加していた。ベース担当の野木稔《のぎみのる》、ギター担当の鬼《おに》塚宇宙《づかうちゅう》、ギター兼ボーカル担当の鈴木空《すずきそら》だ。

「ねえ、奈々ちゃん、たしかバンドは6人いるんじゃ……」

奈々は人差し指を立てながら言った。

「うんうん、えっとね、あと1人は遅刻常習者の押谷《おしたに》っちがいるよ。たぶんそろそろ来るんじゃない？　ワン・ツー・スリー！」

奈々の掛け声とともに分厚いドアが開き、細い目を手の甲で掻きながら、チューリップハットのような帽子に全身黒の服装に身を包んだ細身の男性が入ってきた。

鬼塚が吠える。

「おめーっ！　今ごろ何しにきやがったんだっ。時間くらい守れっ！　やる気ないなら帰れっ」

「お、おう、悪《わり》ィ悪ィ、すぐ準備するからよ」

黒づくめの押谷は、そのままミネラルウォーターを手に取り、鬼塚の横に何事もなかったかのように立った。

「ねえ、奈々ちゃん……あの人は……」

「あ、あれが押谷っち。眠れるボーカルって奈々は呼んでる」

「眠れる……って？」

「えっとね、奈々が見る限りでは、起きているより寝ているほうが多いんだもん。今座ってるこのソファも、押谷っちのベッドなんだよ」

奈々にそう言われたあゆみは一瞬、腰を浮かした。


奈々によるとメンバーは、ケガをしたキーボードの明美の他にもう1人、バンドのリーダーを務める青沢《あおさわ》がいる。青沢は現在、仕事の関係で長期出張に出ており、奈々が臨時マネジャーとしてバンドのリーダー代わりを務めていた。青沢はコンサートまでには帰国するが、練習に参加していないので、今回のコンサートメンバーには入っていない。


奈々は練習中のメンバーに向かって、声をかけた。

「みんなー、集合っ」

が、誰一人反応しない。奈々はつかつかとステージに近づくと、突然アンプの電源を引っこ抜いた。その瞬間、軽い爆発音のような音がして、メンバーはようやく練習をやめた。

メンバーは楽器を置いて、部屋の隅にある長机に集まった。

奈々のすすめで、あゆみが自己紹介を始めた。

「あ、あの、私、柴田さんの友だちで、仲あゆみと言います。よ、よろしくお願いします」

あゆみは呼吸がうまくできていないような声であいさつをした。

ベースの野木が、しゃしゃり出るように冷蔵庫から缶コーヒーを取り出して、あゆみに手渡した。野木は、初対面のあゆみを前に、瞳を輝かせて話し始めた。

「オレ、ベースの野木っす。マジ助かったよ。キーボードがいないと今回の曲は成立しねーからな。……で、あゆみちゃんは見た感じお嬢様っぽいけど、どっかのガールズバンドででもやってたの?」

「あ、え、は、はじめてです」

野木は一瞬奈々を見て、すぐさまあゆみに視線を戻した。

「まじでー? まあ、大丈夫。音楽は経験じゃないからね。心と心をつなげるのが大事なんだよ。わかる? あゆみちゃん」

野木が愛想よく言った横から、どすの効いた声で鬼塚が奈々に対して言った。

「おい柴田、いくらメンバーが足りねえからって、ド素人を連れてくるとはどういうつもりだ。オレたちは遊びでやっているわけじゃねーぞ。おい、なんとか言ってみろよ」

あゆみはその声に体中をびくっとさせたが、奈々は少し前のめりになって負けじと言い返した。

「だまらっしゃいっ。そもそも、誰が明美に建設現場の仕事なんか紹介したのよっ。それに、あゆみちゃんはね、……いいわ、あゆみ、みんなをギャフンと言わせておやり！」

そう言うと奈々はキーボードを指差して、あゆみに向かってウインクを送った。

「え、そんなあ、今日は紹介だけって、奈々ちゃん」

「あゆみ、ここまで来たらやるしかないっ。それ行けあゆみっ」

「絶対無理！　知らない人の前で急に演奏するなんて……」

あゆみは大きく首を振り、奈々はあゆみの右手を引っ張って立たせようとしている。

手鏡を見て自分の髪の毛をいじりまわしていた鈴木が口を開いた。

「まあ、君が連れてくるのはその程度だろうね。キーボードがいなくても、僕のソロで十分カバーできるぜ。僕のギターを聞かせてやろうか。ま、聞いてもよく理解できるとは思えないけどね」

口元には侮蔑の笑いが浮かんでいる。奈々は真剣な目で鈴木に食ってかかった。

「鈴木っち！　なんてこと言うの！　あゆみちゃんはね、お母さんに許可もらったり、すごく大変な思いをして来てくれたんだよ。それなのに、なによ、野良猫を連れてきたみたいに言って！　あんたなんか、奈々、嫌いだからねーっだ」

鈴木はさげすむような笑いを浮かべた。

「君は相変わらず愚かだね。誰も野良猫なんて言ってないじゃないか。まあ、野良猫のほうがマシかもしれないけど。自分でエサ、とってこれるからね。僕はいい歳して〝お母さんに許可〟なんていうやつを見ると、吐きそうになるんだよね」

「な、奈々はね、奈々はね、猫より犬のほうが好きなんだからねっ。あんたなんか大嫌いっ」

奈々は目に涙を浮かべながら体をぷるぷるっと震わせた。

押谷は、このやりとりを聞いているのかいないのか、帽子を目深にかぶって沈黙している。

鬼塚も奈々にたたみかけた。

「おい、柴田、オレたちが今までどれだけこのコンサートのためにパワーをかけてきたのかわかってるのか、おい。そんな筋の通らねえこと、オレは許さねえ」

奈々は鬼塚のひと言でぽろぽろと涙を流しはじめた。本物の涙だった。

どうしたらよいのかわからず、あゆみは奈々の太ももに手をあてた。あゆみの手の甲には奈々の大粒の涙が落ちてはじけた。あゆみは、奈々を助けようとした自分が逆に奈々を苦しめていることに気がついた。一方で奈々を助けることができるのは自分しかいないと思った。

あゆみは決断した。

「私、弾きます」

そして、勢いよく立ち上がった。

野木は手をたたきながら、

「おおっ、いいねえ。でもネコふんじゃったはダメよ。まあ弾けないよりはいいけどね」

と鬼塚と鈴木の両方に視線を送った。鬼塚は厳しい表情を崩さず、そして鈴木は煙草をふかしながら目を細めて、あゆみを見つめている。

ステージの右そでに置かれているブラックウッドのキーボードにあゆみは近づいた。それは電子ピアノと言われ、メンバーにはエレピと呼ばれているようだ。あゆみの自宅にあるグランドピアノとは少し勝手はちがうが、鍵盤は88鍵でまったく一緒だ。

楽譜は、あゆみの弾いているピアノ譜とはちがい、バンド譜と言われるものだった。明美の字だろうか、本人にしかわからないような記号で文字が書き込まれている。

「おいおい、マジで弾いちゃうの？　やめておいたほうがいいんじゃねーの」

野木がつぶやいたのと同時に、あゆみの指先がキーボードを軽やかにたたきだした。

防音の部屋にさまざまなキーがメロディとして流れた。軽やかな始まりかと思うと、ベースのような低音、そしてリズミカルな和音が流れる。その音に支えられながら旋律が聞き取れた。

決して表に出すぎない旋律で、あゆみの性格がそのまま音楽になったかのようだった。

誰も声を出さずに聞いていたが、ふいに野木が立ち上がり、拍手を送った。

「おいおい、明美よりうまいんじゃねーか。すげえ」

奈々も大喜びし、

「ねっ。奈々の言った通りでしょ。あゆみちゃんは高校のコンクールで金賞を受賞したほどの腕なのよ。奈々の友だちはスーパーマンなんだからっ」

「スーパーマンって、男じゃねーかよ」

野木が突っ込んだが、鬼塚は静かに聞きながら、メンバーに目くばせした。

「セブンスコードか……それに、ボーカルを殺さない弾き方、いいぜ、気にいった。……よし、やるか」

鬼塚は飲みかけのコーヒーを一気に口に流し込み、空になった缶を机の上に置いた。

押谷はソファに身を投げ出したまま、深くかぶった帽子のつばを人差し指と親指でつまんで持ち上げ、あゆみのことをチラッと見ただけで、何も言わなかった。

「おしっ、テンションがあがってきた。よしっ。やるぞっ。ほら。押谷、鈴木、行くぞ」

野木が押谷と鈴木の肩をたたくと、鈴木はけだるそうに立ち上がり、言った。

「ま、キーボードは僕のリードボーカルとギターを支えてくれたらいいから、ま、この程度でも十分かな」

「よしっ、奈々もドラムたたくぞっ。どんどこどん、どんどこドン」

奈々は小躍りしながらドラムセットに向かった。

6 メンバーの対立

「おいっ、てめえ。わざと間違っただろっ。理由次第ではただじゃおかねえぞっ」

鬼塚が、足元のアンプを蹴りつけて鈴木に対し怒鳴り声をあげた。

鈴木は鬼塚と視線を合わせないように、部屋の端の長机のところにずんずん進み、どしっとイスに腰をかけるとドクロのロゴの入った銀色のライターで煙草に火をつけた。

「待てよっ」

鬼塚はあとを追いかけ、鈴木がくわえた煙草を取り上げた。

「おいっ、てめえ、ぶっ殺されてえのか。オレたちはおめえのバックバンドじゃねーんだぞ」

鬼塚は鈴木の胸ぐらをつかんだ。

あゆみは何が起こったのかまだ理解できずにいたが、鈴木がわざとコードをはずして、曲の途中で演奏をやめたことはわかった。

胸ぐらをつかまれた鈴木は、鬼塚の手を払いのけて、その反動でイスに座り込んだ。

「ふん。僕がいないとこのバンドはおやじバンドみたいなものじゃないか、えらそうに何を言ってるんだ。この曲は僕がソロで出たほうがいいんだ。それなのにみんなでしゃばって、僕のギターを殺しているんだよ」

鈴木はそう言うと新しい煙草に火をつけた。

鬼塚は声を震わせながら言った。

「てめえ、何を言いやがる。オレはおめえのバックじゃねえっつってんだろ、やってらんねーよ」

「じゃあ、君ひとりでやればいいんじゃない。君こそうぬぼれているんじゃないか。僕は将来ビッグになる男だよ。本来は君たちと一緒に演奏するレベルじゃないんだ。それをリーダーに頼まれてここに来てやってるんだよ。それを忘れてもらっちゃ困るね。もしいやならいつでも辞めるよ。それでもいいの」

鬼塚のこめかみに青筋が浮かんでいるのがあゆみには見えた。鬼塚はこぶしをにぎりしめている。

「すとーっぷ！　はい、カット、カット。もうどうして男って争うの。ほんと変な動物！　鈴木っちもあとで奈々特製のクッキーあげるから機嫌なおしてよう」

奈々はネコまねをしながら2人の間に入った。

鈴木は奈々と鬼塚を交互ににらみつけると、煙草の火をそばの灰皿でもみ消し、何も言わずにステージにあがった。

鬼塚はまだおさまらないようだったが、ぶつぶつ言いながら、練習に戻った。

「奈々ちゃん、鬼塚さんと鈴木さんって、仲、悪いの……？」

練習が終わり、駅までの細い路地を歩きながら、あゆみは奈々に聞いた。奈々はケラケラ笑いながら、

「あー、あれはいつものことだよ。まったく困っちゃうよね、2人とも子どもなんだから」

と言った。しかし、あゆみには奈々の言うような軽い問題だとは思えなかった。


翌日の練習後、部屋の隅の長机では野木とあゆみ、奈々がカレンダーを見つめていた。

「おい、柴田、コンサート2カ月前だけど、段取り大丈夫か？　そろそろチケット売らないとやばいんじゃないか？」

野木は奈々の手提げ袋に丸められたポスターを勝手に抜き出し広げた。そしてベースを

持ったキャラクターに気づくと、指をさして言った。

「お、おい。まさか、このナスビみたいなのがオレかっ」

「へへっ、奈々天才でしょっ。大当ったり〜」

あゆみはポスターをのぞき込んでくすっと笑った。

「あゆみちゃん、ひっどーいっ。奈々の名作を見て笑った、奈々、超ショック」

「だって、野菜がバンドしているんだもん」

「あゆみちゃんはプチトマトにしてあげたのにっ。もう次はかぼちゃにしてやるっ」

奈々はすねたまねをした。野木は少し顔を曇らせて、

「ところでこんなことより、会場とか、チケットの印刷とか、広告とか……大丈夫か？　オレ、心配なんだけど」

野木の不安そうな様子をおもしろがって、奈々はおどけた。

「奈々は大丈夫だと思うけどっ。会場は前日までには見つけるしっ。前売り券もチケットアビで売ってくれるよっ、きっとっ」

あゆみもその話を聞いて、奈々の手に触れながら言った。

「奈々ちゃん、会場はもっと早くおさえたほうが……それにチケットアビって、有名なバンドは販売してくれるけど、私たちは無理じゃないかな」

「はあ……おまえなあ……やっぱり柴田にまかせたのが失敗だったか!?　会場も決まって

ない、前売り券も売れてない。そんなんじゃ、コンサートできるわけないだろ」

奈々はどぎまぎした。

「えっ、コンサートホールって当日貸してくださーいって行けば、どうぞって言ってくれるんじゃなかったっけ。チケットアビがダメなら、コンビニとかでなら売ってもらえるんじゃ……」

「たく……バカかっ。おい、鬼塚、鈴木っ！　大変なことになったぞ」

野木は先に帰った押谷をのぞいた2人を呼んだ。2人はチューニング作業をやめて席に加わった。

「てめえっ、どういうつもりだ。会場を予約していないだと？　ふざけてんのか、もうやってらんねーよ」

鬼塚の言葉にかぶせるように、鈴木もため息まじりに言った。

「観客がいないのなら、僕は出ないよ。僕はプロだからね。プロは観客がちゃんといるところで観客に僕のすべてを分けてあげるのが仕事だからね。どうするの」

スタジオに重苦しい沈黙が流れた。奈々の顔は徐々にゆがんだ。

野木が急に背中を伸ばし、

「まあ、みんな、柴田ばかりを責めるのはよそうぜ。こんなこともあるかと思って、オレの知り合いにイベントプロデューサーがいるんだ。そいつを紹介してやってもいいぜ」

と〝どや顔〟で言った。

「ほ、ほんと？　奈々、その人に会いたい。ね、教えて、お願い。奈々一生のお願いっ」

奈々は涙目になりながら、野木にすがりついた。

「オーケーっ。メンバーが困っているのに放っておけないからな。そいつ、オレの親友でさあ、超忙しい男だけど紹介するぜ。なんと言ってもこのバンドのピンチだもんな」

野木が鼻の下を伸ばしながら得意げに胸をはった。

「まあ、プロにまかせれば大丈夫かもね。頼むよ、なんといっても僕のブランドがかかってるからね。満席じゃないと僕は出ないよ」

鈴木はそう言い放つとまたステージに戻った。

鬼塚はアンプの修理をしながら、煙草の煙を吐いた。

「ふん、オレは自分の仕事をこなすだけよ」

そう言って、ペンチで配線をつないだ。

「おおっ、それでこそプロだ！　それにしても鬼塚は電気配線職人だけあって、どんなものでも直せるよな。おう、オレのベースも頼むぜ、な、いいだろ」

野木の問いかけに答えず、鬼塚は黙々と配線をいじりまわしている。

あゆみは奈々の手をにぎった。

「奈々ちゃん。よかったね」

奈々は鼻をすすりながらコックリとうなずいた。

1週間後、奈々はイベントプロデューサーの狩野友昭《かのうともあき》と、駅前の喫茶店で会っていた。

「はじめまして、イベントKオフィスの狩野です。えっと……」

「柴田奈々でーす。柴田の柴は柴犬の柴です、芝公園の芝ではありません。田は焼肉の田村の田で、奈は……」

「あはは、大丈夫、この名刺に書いている通りだよね。おもしろいね、奈々ちゃんは」

「あ、あの、私、初対面の人になれなれしく言われるの、嫌いなんです」

狩野は少し真顔に戻り、頭を下げた。

「あ、申し訳ない。つい調子に乗って……」

「もうっ、奈々はそんなに軽くないんだからね。〝ななっち〟でお願いします」

「え、ななっち……でいいの」

狩野は真顔から笑顔になり、こめかみの汗をハンカチでぬぐうと、手をあげて店員を呼んだ。

「あ、オーダーお願いします。えっと、奈々ちゃん、じゃなかった、ななっちは……」

「クリームソーダでお願いします。アイスクリームダブルで」

「ははは、じゃあオレも。ダブルで」

狩野は店員に指を2本立ててオーダーを伝えた。

奈々はアイスを長い銀色のスプーンですくっておいしそうに食べながら、チケットのデザインやポスターをテーブルに広げて、コンサートの概要を説明した。

「なるほど、前売り券200枚で5時間のコンサートだね、でもこれだけさばけるかな……はじめてのコンサートだしね」

「奈々にまかせてください。奈々の友だちの友だち、そしてそのまた友だちを合わせるとたくさん友だちがいますから。200枚で足りるのかなって、心配なくらい」

「あのね、奈々ちゃん……じゃなかった、ななっち。そんな単純なものではないよ。プロのコンサートでも前売り券を売り切るのは簡単じゃないんだ。イベントをなめるとダメだ。それに、もう時期が迫っているから早く売らないと大赤字になって、今後の活動にも影響が出かねないよ」

「えっ。コンサートってそんなにお金かかるんですかっ。すごく儲かるものだと思ってた。奈々、税金の心配してたのに。マルサ来たらどうしようって」

「ななっちはすごいこと心配するね。それより、赤字にならないようにしなければね」

「ひょっとすると、狩野さんにも分け前……というか、御礼を渡さなければならないんですよね。奈々、今気がついた」

「ま、まあね。僕も一応プロだからね。本来は売上げの半分を報酬としていただいているけど……なんか話を聞いていると、とてもそこまでは難しそうだね。だから……」

「え、えっ。まさか、狩野さん、断るんですか。そんなのダメですっ。もう奈々、狩野さんにお願いするって決めたんだからっ。今さら奈々をすてるんですかあっ」

奈々が取り出したハンカチで目を覆うそぶりを見せると狩野はあわてて制した。

「お、おい、やめてくれよ。まわりの人が勘違いするだろう。まいったな。わかったよ。じゃあ、出世払いで受けるよ」

「本当ですか、奈々、超ハッピー。べりべりサンクスですぅ」

「ははは、きっとなっちは大物になるよ。じゃあ、詳細を詰めよう。コンサート開催は……えっと、10月22日でいいんだね」

狩野は真顔に戻り、ポスターを引き寄せた。

「はい、奈々の誕生日です。サプライズアリアリでしょ、きっと」

奈々は満面の笑みを浮かべて答えた。

奈々は狩野の力を借りて、会場手配やチケット印刷などの段取りを進めた。というより、狩野がほとんどの手配をおこない、奈々がたまに邪魔をすると言ったほうがいいかもしれない。

そしてコンサート開催2週間前になった。

奈々とあゆみは、駅から練習部屋であるスタジオに向かっていた。黒に近いグレーの雲が、ちぎり絵のように幾重にも重なっている空から、ポツリポツリと雨が落ちてきた。あゆみの折りたたみ傘に奈々も入れてもらいながら2人は足をはやめた。

「ねえ、奈々ちゃん、狩野さんっていい人だよね」

「うん、奈々、狩野さんと会うときね、すごいハッピーなの」

「うん、いい感じだね」

「狩野さんね、奈々がクリームソーダのダブルのクリームを落としたときね、自分のクリームソーダのクリームを奈々のクリームの上に乗っけてくれたんだよう」

「あー、いいね、その感じ。狩野さんってかっこいいけど、彼女とかいないのかな」

「奈々もね、気になって、聞いたの。奈々のこと好きですかって」

「え、直接聞いたの？」

「うん、彼女いますかって聞きにくいでしょ。超恥ずかしいし」

「あ、まあ……ね」

「そしたら、好きだよって。でも奈々、まだ学生だし、まだ日本にいたいし……」

「え……日本って？」

「狩野さんね、いつか外国に行くんだって。もし奈々が狩野さんのお嫁さんになったら、海外行ってドレス来てパーティに出なきゃならないでしょ。奈々、ドミニカしか行ったことないし」

「う……うん、そうだね。でもいつか一緒に行けたらいいね」


雨脚が強まってきたので、奈々はコンビニでビニール傘を買うことにした。奈々がレジでレシートを受け取っているときに、携帯が鳴った。

「あ、奈々の狩野さんだ。……はい、奈々でーっす。はーい、奈々は元気ですっ。今ね、狩野さんのお話をしてたんですよー。え、銀行に？　あ、ベリー大丈夫です。すぐに行きますっ。はーい、じゃあねえ」

コンビニの軒先で待っていたあゆみは声をかけた。

「狩野さんから？」

「うんっ、奈々に会いたいんだって。会場の仮予約にお金がいるからその件で、そのあと食事どうって……どうしよう、奈々、超ハッピーなんだけど」

「あはは……じゃあ、今日の練習は……」

奈々は舌を出しながら、大きなゼスチャーでバツをした。

「わかった、みんなに言っておくね。じゃあ、がんばってきてね」

奈々は買った傘をささずに手に持ったまま、走って駅のほうに消えた。

あゆみはその後ろ姿を見て、なぜか少し不安を感じた。あゆみにはそれが何の不安かはよくわからなかった。

7 失踪？

ケーキのたま東京中央店にはいつもの昼下がりがおとずれていた。ランチを済ませたOLが、ショーケースを取り囲む。

進物部門のスタッフも、応援のため洋菓子の販売に入っており、奈々とあゆみもお客様からオーダーを取っている。

「はい、かしこまりました。生チョコケーキを4つですね。お持ち帰りのお時間はどのくらいでしょうか。はい、ではドライアイスを入れさせていただきます」

バンドに入ってから、あゆみは変わった。自分自身に少し自信が持てるようになってきた。積極的に、そして堂々と接客ができるようになったのだ。

一方で、今日の奈々にも明らかな変化があった。

「はい、メロンミルクレープと……チョコマロンを……1つですね。え、あ、イチゴミルクレープを1つでしょうか。ごめんなさい……ではご用意します」

その異変を見抜いた店長の青山みあは、奈々を休憩室に呼んだ。

「柴田さん、何か変ね。どうしたの、何か悩んでいるの?」

奈々はうつむいたまま小さく首を振った。

「でも、いつもの柴田さんじゃないじゃない。お客様のオーダーは取り間違うし……あ、それはいつものことか……そうじゃなくて、体調でも悪いの?」

奈々は小さく答えた。

「店長……奈々、今日は無理っぽいです。帰ってもいいですか」

「……そうね。何かあったら遠慮なく相談してね」

奈々は抜け殻のような様子でふらふらとロッカールームに向かった。

すると、副店長の金田が掃除道具を片づけながら奈々に声をかけた。

「こら、柴田。またモップ出しっぱなしだっただろ。きちんと片づけんか。おい聞いてるのか」

「すいません……」

金田は目を剥《む》いて奈々を見つめた。

「柴田、今、なんと言った。すいません？　……いつもなら〝だって次の人が使うために置いておいたんですよーっ〟とかなんとか言うだろ。なんだ、どこか悪いのか？」

「金田さん、いいんです……奈々のことは放っておいてください……」

奈々はロッカールームに入ると、ドアを静かに後ろ手に閉めた。


「奈々ちゃん！」

身支度を整えた奈々が従業員通用口から店を出ると、休憩バッチを胸につけたあゆみが追いかけてきた。あゆみは奈々の手を引っ張って、近くのドーナッツ屋に連れ込み、空いている席に奈々を座らせた。手はにぎったままだ。

「ねえ、奈々ちゃん。変だよ、何かあったの？」

「なんでもない……奈々……なんでもない……」

奈々の顔がみるみるうちに泣き顔に変わり、口からは嗚咽《おえつ》が漏れた。あゆみがハンカチを差し出すと、奈々はまわりが驚くほどの声で泣き出した。あゆみは奈々が泣き終わるまで待ってから声をかけた。

「奈々ちゃん。あゆみ、奈々ちゃんの味方だよ。だから何があったのか話して」

奈々はパイプの詰まりが抜けたように、涙とともに一気に話し出した。

「奈々、だまされちゃったの。あの、狩野さん、狩野さんが……」

「え、狩野さん？」

「電話しても通じないの」

あゆみは背中に冷たいものを感じながら、言った。

「忙しいんじゃ……もう一度かけてみようよ」

「ちがうの。奈々、３日前からずっとかけてるの。ほら」

奈々は細かく首を横に振ると、あゆみに自分の携帯の発信履歴を見せた。

「すごい、１００件以上……全部留守なの？」

奈々はコックリとうなずいた。

「奈々、今日、バイトの前に狩野さんの会社に行ったんだ。そしたら……そしたら……」

「うん」

「ちがう会社の看板が出てたの。イベントKオフィスじゃなかった。奈々、ウソつかれてたの……」

「え、まさか……」

奈々は急に顔をあげた。両目からは涙があふれている。

「あゆみちゃん、どうしよう、奈々ね、渡しちゃったの」

「何を？」

「チケットの前売り券の代金40万円を、奈々、狩野さんに……」

「えっ、お金を？」

「うん、会場の仮払いとか、レンタルがどうのこうのって……」

そう言うと、奈々はまた大声で泣き出した。

「ヒック、どうしよう、ヒック、みんなのお金、ヒック、全部なくなっちゃった、ヒック、みんながんばって、ヒック、チケット売ってくれたのに……ヒック」

「ちょっと待って、私の携帯からかけてみる」

あゆみは奈々の発信履歴の電話番号にかけてみた。

「おかけになった電話は電波の届かないところにあるか……」

非情な返信音しか返ってこない。

あゆみも目に涙が浮かんできた。

「ごめんね、ごめんね、ヒック、どうしよう。コンサート、ヒック、開けない。奈々、もうどうしたらいいか、わからない……」

奈々はまつ毛がまとまるほど涙にまみれた目をあゆみに向けた。

あゆみは自分の携帯を見ながら考えた。

〝40万円くらいなら、お母様にお願いすれば……〟

しかし、鈴木があゆみに発した言葉が突如よみがえった。

〝いい歳してお母さんに許可なんていうやつを見ると、吐きそうになるんだよね〟

その言葉を思い出すと、これはあゆみだけの問題ではなく、チーム全体の問題なのだとあゆみは感じた。

「奈々ちゃん、起きちゃったことは仕方がないよ。チームのみんなで話し合おうよ、きっとみんな助けてくれるよ」

あゆみは奈々の肩にまわした手に、ぎゅっと力を込めて言った。


「なんだと、てめえ、どうすんだよっ。どう落とし前つけるんだ、ええっ？」

鬼塚のひときわ大きな声が室内に響いた。

鈴木もあざ笑うかのように言った。

「ふっ、そんなことだろうと思ったよ。僕はプロだからギャラが出ないことはしないよ。たとえどんなに憐れに思えてもね。それがプロの掟だよ」

奈々は下を向いて耐えていたが、涙がぽろぽろ落ちた。

　あゆみがみんなに言った。

「あの、たしかにお金は渡しちゃったんですけど、奈々ちゃんだけに責任をなすりつけるのはどうかと……それに、コンサート2日前だし、とにかく話し合えば……」

「柴田は今回だけじゃねーだろ、それにオレたちがどんな気持ちで今まで練習してきたと思ってるんだ。金だけじゃない、オレたちの時間を返せ！」

　鬼塚はわなわなと体を震わせながら叫んだ。

「ごめんなさい、奈々……ごめんなさい……」

　奈々はおびえながら、消え入りそうなか細い声を出した。

　野木がはじめて口を開いた。

「まあ、まずは警察に被害届出して……。あとは今できることが何かを考えて、先を見て進んだらいいんじゃないかな。お金はみんなで出し合うとかさ……」

　鬼塚は怒りの矛先を野木に向けた。

「なんだと、なんでオレたちがなくなった金を出さなきゃならねーんだよ。筋が通らねえじゃねーか。……うん？　待てよ、今回のイベントプロデューサーはてめえの親友とか言ってたよな。てめえ、グルじゃねーのか」

　鬼塚が野木の襟をつかんで迫ると、野木は今にも振り下ろされそうな鬼塚のこぶしを手で防御しながら、作り笑いをした。

「ちがう、あいつと会ったのは一回だけで、それ以降はまったく会ってねーよ」

「ああん？　おまえ、親友だとか言ってなかったか」

「いや、あれは親友みたいになるかもって……ゲッ、オレ、疑われてるのか？　マジであいつとは街コンで一度会っただけだよ、信じてくれよ」

鬼塚は野木の襟をつかんで引き寄せ、突き放すように手を離した。

「てめえ、いつも調子のいいことを言いやがって。まあいい、ともかく、コンサートは開かねーと、応援してくれている連中に面目がたたねえ。筋の通らねえことはできねえからな」

野木は乱れた髪の毛をいじりながら、

「おおっ、思い出したっ。そういえばあゆみちゃんはご令嬢だろ、お父さんとかにお小遣いの前借り、お願いできないの？」

とあゆみに顔を向けたが、あゆみは大きく首を振った。

「私、親に頼りたくないんです。この活動はすべて自分の力でやってきたので……ごめんなさい」

「でもね、いざというときは頼らないとねっ。メンバーも困ってるし。お金持ちなら、40万なんて大したことないでしょ」

「でも……」

あゆみはうつむいて考えた。

そのとき奈々が耐え切れないように自分の頭を掻きむしったかと思うと、たたきだした。

そして、意を決したように宣言した。

「あゆみちゃんは関係ないっ。奈々がなんとかするっ。コンサートはゼッタイやるっ」

野木と鬼塚は口をそろえた。

「やるって言ったって、どうすんだよ。金がなきゃ会場だって借りられねーだろうが」

鈴木が煙草の煙を鼻から吐き出しながら言った。

「まあ、僕はギャラが出て、観客がいるならやってもいいけど。ただし、僕、虫に刺されるとイメージダウンになるから野外はイヤだよ。それと空調は万全なところしか出ないよ」

鬼塚は手に持ったライターを床にたたきつけて鈴木に詰め寄った。

「てめえ、オレたちの音楽は場所じゃねえ。プロプロ言うなら、プロは場所を選ぶな。バカ野郎っ！」

野木は視線を奈々に移した。

「しかし……段取りの悪いこの状況で、オレたちの十分な力を発揮できるわけがねえ。だから、無理に強行するより、またの機会を待つのもひとつじゃねーか」

しかし、奈々はひるまなかった。

「ダメよっ。多くの観客が私たちのデビューを楽しみにしてるじゃない。会場なら必ず奈々がどうにかするっ。だから、みんなはあきらめずについてきて、ねっ！　それに土曜日はリーダーがようやく戻ってくるからね。できることをやって、あとはリーダーにまかせよう。だって、そのためのリーダーだもんねっ。えへっ」

i n b a s k e t

実践　インバスケット

あなたは軽音楽バンドグループのリーダー青沢茂人《あおさわしげと》です。

あなたは1週間前、海外出張中に交通事故に遭い入院をしていました。

そして先ほどようやく帰国しました。

じつは本日は、結成した軽音楽バンド「ミラクル」の初めてのコンサート日だったのです。

そのために今まで1年間みんなで練習してきたのです。

しかし、コンサート会場に到着するとなにやらおかしな雰囲気です。

楽屋のドアを開けると、マネジャー兼ドラム担当の柴田奈々が、泣きながらあなたに事情を話してきました。

今回のコンサート開催についてホール手配などのプロデュースを頼んだ、イベントプロデューサーの狩野という男が、5日前から連絡が取れなくなったというのです。しかも、前売り券の販売代金40万円をすべて渡してしまったと奈々から聞かされました。

このお金は、本日の会場代や観客の飲食代などに充当するつもりでした。奈々が付近のライブハウス「荻野ホール」を探し、幸運にも本日は予約が入っていなかったのでホールを予約することができ、観客に対する会場変更の通知も完了しているものの、会場側からは、規定で本日の18時までに入金がないと、途中でコンサートを打ち切ってもらうことになると言われ、奈々が現在交渉しているとのことです。

開演まで1時間。

あなたのもとにはさまざまな案件が押し寄せます。

これからあなたは、リーダーの青沢として20の案件を処理してください。

現在の日時は

20XX年　10月15日　15時00分　です。

コンサートは　16時00分～21時00分　です。

※柴田奈々と仲あゆみは、「ケーキのたま」東京中央店で働いています。青山みあはそのお店の店長、金田は副店長です。

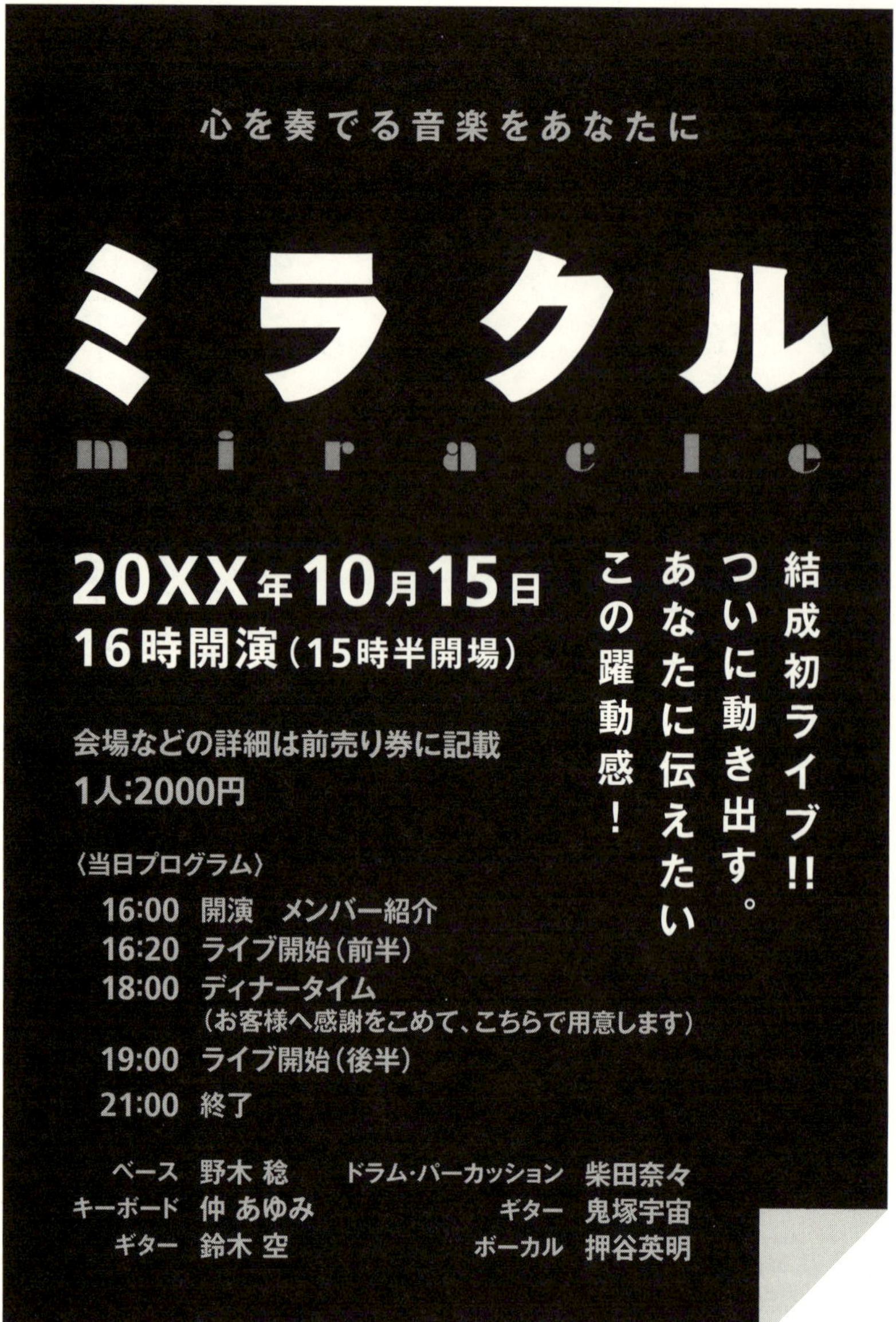
心を奏でる音楽をあなたに
ミラクル
miracle
20XX年10月15日
16時開演(15時半開場)
結成初ライブ!!
ついに動き出す。
あなたに伝えたい
この躍動感!
会場などの詳細は前売り券に記載
1人:2000円
〈当日プログラム〉
16:00 開演 メンバー紹介
16:20 ライブ開始(前半)
18:00 ディナータイム
(お客様へ感謝をこめて、こちらで用意します)
19:00 ライブ開始(後半)
21:00 終了
ベース 野木 稔
キーボード 仲 あゆみ
ギター 鈴木 空
ドラム・パーカッション 柴田奈々
ギター 鬼塚宇宙
ボーカル 押谷英明

資料1　軽音楽バンド　「ミラクル」パンフレット

案件 1

荻野ホール支配人より電話

事情はわかりましたが、当方としても入金の見込みがないうえは、規定によりお貸しすることができません。

当初の契約通り18時までに、当日中のご入金の確約がいただけない限り以降の使用は許可できませんのでご了承ください。

冷たいようですが、当方としても初めてのご利用で信頼関係もありませんので、このようなご回答になりましたことご理解ください。

追伸:どなたか代理人の方に立て替えていただくなどできませんか。

案件 2

メンバー押谷からのメール

10月15日　15:00

わるい。寝坊した。

昨日、ちょっと飲みすぎちゃってさ。

今から電車乗る。

16:15くらいに着く。

開演を遅らせるか、何とか間をもたせてくれ。

案件 3

あゆみが携帯を持ってきた
(あゆみの母からのメール)

10月15日　14:35

あゆみちゃんへ

ママが買ってあげたドレスをどうして着なかったの?

ママがこの日のために、作ってあげたのにショックよ。

すぐに帰って着替えなさい。

それと、お父さんがあゆみちゃんの初舞台を記録するために撮影プロダクションの人に撮影をお願いしているの。

だから、きれいに撮ってもらってね。

ママ

案件 4

奈々が携帯を持ってきた
(青山みあからのメール)

10月15日　14:56

柴田さんへ

ごめんなさい。

さっき、アルバイトの岩本さんが急に体調を崩して遅番を休みたいって電話があったの。

だから、今日は残念だけど見に行けそうにないわ。

ごめんなさい。

チケットだけど、返金は結構です。

念のため、整理券番号をつたえとくわね。

197番です。

では、成功祈っているわね。がんばって。

青山みあ

案件5

宅配便会社より電話

いつもご利用ありがとうございます。

柴田奈々様よりのお届け物で

「コンサートお土産用　奈々特製ビッグバウムクーヘンケーキ」

200個のお届け時間ですが何時くらいがよろしいですか？

案件6

メンバーの鬼塚が大声で怒鳴った

もうやってらんねえ。

そもそもどうしてこんなことになったんだ。

オレたちは何も悪くないのにどうしてこんな目に遭うんだよ。

すべて柴田の責任だろ。おまえがきちんとしてないからこんなことになったんじゃねえかあ!

どう責任取るつもりだよ。

やってらんねえよ。

案件 7

奈々が携帯を持ってきた
（奈々の友人からのメール）

10月15日　14:04

奈々。がんばってるかな。

私もミラクルの初舞台すごく見たかったよ。

仕事さえなければなあ。超うざいんだけど……

でも、2回目は必ず行くからね。

あ、あとね。この前紹介してくれた奈々の彼氏（?）狩野さんからメール来たよ。

なんか、奈々にも送ってるんだけどエラーで戻ってきているんだって。

今ね、狩野さんハワイにいて来週月曜日には帰ってくるんだって。

でね、その時に最終打ち合わせと兼ねて頼まれていたドリアンチョコを渡すねって書いてあったよ。

奈々、ドリアンチョコってどんな……（笑）

私はいらないから味だけ教えてね。

じゃあねえ。がんばってね。

久瑠実

案件 8

コンサート会場職員より内線電話

問い合わせいただいたイスですが、当会場はダンスや球技などで最近使われており、滅多にこのようなイスを使うことがないので、先ほど、スタッフに確認をさせると定員100名なので100あるはずが、まともに使えそうなイスが81脚しかないようです。

大変申し訳ありません。

あとの19脚はテープで補強していたり、錆びついていたりしているのであまりおすすめはしませんが、たぶん、座っても大丈夫だと思います。

どうしましょう、早めにご判断ください。

それと申し訳ないのですが、イスを組み立ててセットするのに申し訳ないですがお手伝いいただけないでしょうか。

よろしくお願いします。

案件 9

メンバーの野木より

おいおい、玄関にテレビカメラが来てるぞ。

ひょっとして取材じゃねえか。

すごくねえ。オレたち、ひょっとしたらメジャーデビューできるかもしれねえぞ。

テレビに映るとしたらプログラム変えたほうがいいんじゃねえ。

最初にオレたちの一番得意曲「べろべろバーは切なすぎる」を演奏したほうがいいんじゃねえ。

それと観客はもっと集めたほうがいいな。オレ、「テレビに映るかも」って手当たり次第にメールするからよ。おまえらも、早く周りに知らせろよ。

案件 10

メンバーの鈴木より

悪いけど、空調の温度28度くらいに設定上げてもらえない？

僕、冷え性でさあ。

今日の衣装も寒い格好だしさあ。

今の温度24度だと、

冷えて肩がこっちゃうんだよね。

僕、このままだと演奏できないよ。

案件 11

奈々が携帯を持ってきた
(奈々の母親からのメール)

10月15日　14:29

奈々　連絡しようかどうか迷ったんだけど、実は九州のおばあちゃんが成長会病院っていうところに入院したのでいまからお母さん九州に行くことにしたの。

だから、奈々のコンサートに行けなくなったの。

おばあちゃんは大丈夫だから心配しないでね。

コンサートがんばってね。

案件 12

メンバーの野木より

おいおい、今ステージ見に行ったけど、司会用のワイヤレスマイク、壊れてるぜ。

あとアンプの電源が遠くて配線がうまくできそうにない。延長コードが必要だぜ。

どうするよ。

案件 13

ケータリングサービス会社より電話

「毎度ありがとうございます。キッチンスタジオ有田です。ご予約いただいていた特注ディナー用弁当100個ですが、メニューの中の揚げ物でイカフライが足りなくて、エビフライに替えようと思っているのですがよろしいでしょうか。調理の都合上16時までにご連絡いただけますでしょうか。ご連絡がない場合はエビフライに替えさせていただきます」

案件 14

メンバーの鈴木より

あのさあ、今回のギャラ、全員一緒って、ありえないよね。
みんなは遊びかもしれないけど、僕は一流のプロ目指しているんだよね。
このバンドでは、まあ僕がスターじゃない。
なのに、メインの曲、どうして鬼塚がソロやるわけ?
僕のソロじゃないとおかしいよ。
みんな、勘違いしているよ。
このバンドは僕がいるから客が来るんだよ。
もしソロができないなら、僕、途中で演奏失敗しそうだな。
僕本気なんだけど。
それと、ポジションも一番前に勝手にさせてもらうからね、文句ないよね。
文句あるなら僕帰るよ。

案件 15

メンバーの野木より

おいおい、注文していた譜面台が届かないぜ。

いま、業者に送り状番号を確認したら、送り先がケーキのたま東京中央店になっているみたいで、配達完了になってたぜ。

これ、柴田が手配したんだよね。

東京中央ってここから片道30分以上かかるぜ。

どうするんだよ。

案件 16

メンバーの鬼塚より

おい、やるかやらないかはっきりしてくれよ。

やらないんだったら、ここにいても仕方がねーだろ。

大体、段取りめっちゃ悪すぎなんだよ。

もしやるんだったら、打ち合わせぐらいしないと突然本番なんてありえないぜ。

早く決めてくれよ。

案件 17

あゆみが携帯を持ってきた
（あゆみの友人からのメール）

10月15日　14:23

あゆみちゃん。

いま、会場の外のカフェで開場を待っています。

すごく早く着きすぎてしまいました。

正直、あゆみちゃんが軽音楽なんて、

本当にびっくりしました。

でも、練習風景を見て、いつもと違うあゆみちゃんを少し尊敬しちゃいました。

すごいね。大変身だね。

それに前売り券200枚、完売したって。

良かったね。

練習風景をDVDで編集した「ミラクルの歩み」を今日持ってきたよ。

15分くらいだけど、もしよかったらディナータイムにでも流してみて、すごいよ。

なんといってもプロの編集の方にお願いしたもの。

もう、会場には20人くらい並んでいるよ。

私たちも並びに行かないとね。

じゃあ、楽しみにしてるね。

案件 18

奈々が携帯を持ってきた
（笹川音楽ホールからのメール）

10月15日　14:12

ミラクル　マネジャー
柴田奈々様

この度は笹川音楽ホールのご予約ありがとうございます。

ご利用日一週間前になりましたので、以下の予約について
ご確認いただきますようお願いいたします。

※ご予約内容にご不明な点がある場合はご連絡ください。

・予約番号　RYaeee026h20b_1
　　　　　　RYa026h20b_2
・施設名　笹川音楽ホール B会場 収容200
・利用日時　20××年10月22日
・利用時間　16:00〜21:00
・予約受付日　20××年10月2日
・代表者氏名　シバタナナ
・予想客数　200名
・決済金額　合計:250000円
・支払方法　支払い済み

領収書必要の場合は事前にお知らせください
※なお、利用一週間前（明日）からキャンセル料金が発生
します。

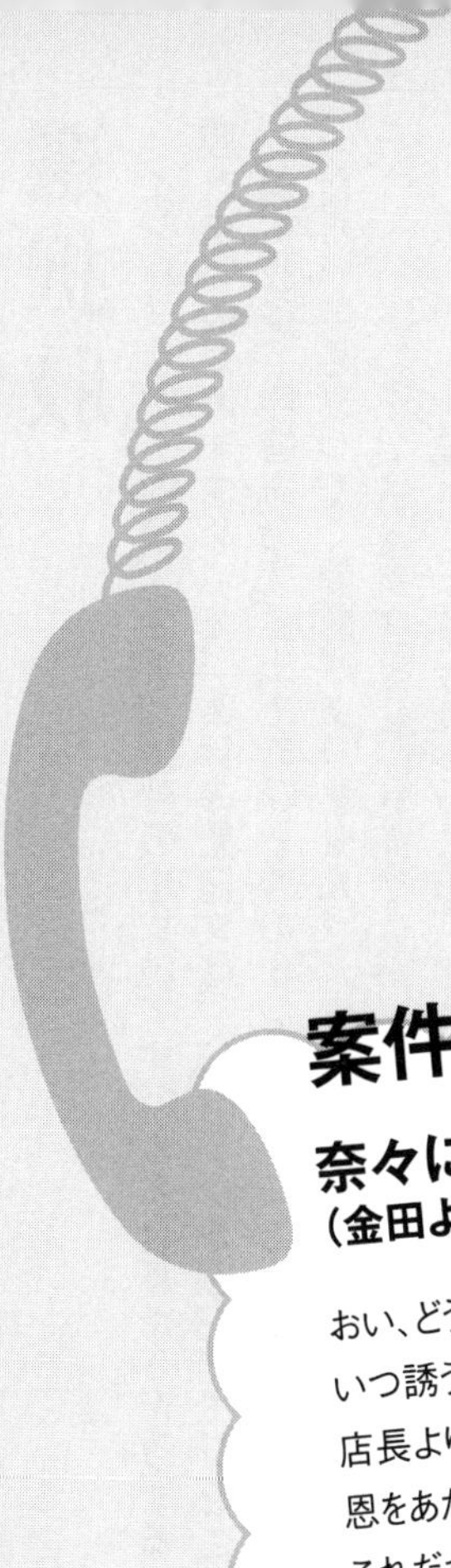

案件19

あゆみが相談しにきた

もうすぐ本番ですね……。
今まで練習してきたんですけど、
正直やっぱり怖いです。
本番でうまく弾けるかすごく不安です。
足もがくがくしてます……

案件20

奈々に電話が入った
(金田より電話)

おい、どうして店長を誘って、私を誘わなかったんだ。
いつ誘うのかと思って待っていたのに、ついに誘わなかっただろ。
店長より私のほうが、柴田の面倒を見ているというのに
恩をあだで返すつもりか。
これだから、最近の若い者は筋が通っていないというんだ。
私はこう見えても昔はなあ、バンドを結成してたんだ。
中年だからと言って誘わないのは失礼じゃないか。
先ほど会場に電話したら、びっくりした。
私の友人のホールでするんだな。
しかし、すでに前売り券は売り切れだとか。
まあ、券が無いのなら仕方がないが、次回は私を誘えよ。
この日のために休みを取っていたのに残念だ。
まあ、暇だから今店に来たがな。
この付近の競合店でも見に行くとするか。

選択肢

インバスケット問題、1～20案件の選択肢です。まず自身ならどうするか考えてから、一番近い選択肢を選ぶのがおすすめです。案件の問題文は、73ページから83ページをご参照ください。

選択肢は、回答を考える上でのひとつのヒントですので、これらの選択肢には頼らず、答えを考えていただいてもまったく問題はありません。

［みんなの華麗なる決断］読者みんなの回答がネットで見られる！

左記サイトにアクセスし、メニューの中から「回答を入力」を選択、回答ページ上であなたが選んだ選択肢の番号を入力してください。「みんなの回答」ページで他の読者の方の〝決断〟を確認することができ、あなたの〝決断〟との比較ができます。

http://www.inbasket-thinking.net/

案件① このままではホールは貸せません

1 保留する。18時まで余裕があるので、それまでに打開策を考える。
2 ないものはないと、こちらの事情を話しにメンバー全員で交渉する。
3 金田副店長に交渉を依頼し、支払いを猶予してもらう。
4 今回のライブ開催は見送る。

あなたの判断 □

案件② 悪い。寝坊した。遅れる

1 あわてず気をつけて来るように言う。押谷が来るまで開演を遅らせるというアナウンスを入れさせる。
2 タクシーなど一番早く到着する手段でできるだけ早く来るように告げる。遅れる15分はDVD上映でもたせる。
3 なぜこのような大事な状況で遅れてくるのか、原因を明確にするように連絡し、到着次第、事情を聴く。
4 とにかく急いでくるように伝える。ついでに東京中央店によって譜面台を持ってきてもらうように伝える。

あなたの判断 □

案件③ ドレスに着替えなさい

1 あゆみに、お母さんのせっかくの好意なのですぐに着替えに帰るように指示し、どうせ遅れるので開演時間を17時からに変更する。

2 空気を読めていないことに関してあゆみに注意し、母親に着替えに帰ることは無理であることを連絡させる。

3 テレビ局が取材に来ているので、着替えを宅急便ですぐに送ってもらうようにお願いし、到着次第着替えさせる。

4 あゆみのお母さんにお礼を送り、その上で今回の事情を話して着替えに帰れないことを詫びさせる。

あなたの判断 □

案件④ コンサート、行けそうにないわ

1 今さら空席を作るわけにはいかないので、何としても来てもらうように交渉する。

2 コンサートが終了してから返事をして、返金する手配をおこなう。整理券番号を控える。

3 いまはそれどころではない。無視する。

4 チケットを金田副店長に渡してもらうようにお願いする。

あなたの判断 □

案件⑤ お届けはいつがよろしいですか?

1 できるだけ早く持ってきてもらう。そしてホールのスタッフに受け取ってもらう。

2 こんなときに余計な作業はできないので受け取り拒否する。

3 お土産なので21時に持ってくるように伝える。

4 置き場所がないので、分納してもらう。

あなたの判断 □

案件⑥ もうやってらんねえよ！

1 リーダーの威信に関わるので、こっちのほうがやってらんねえと言って鬼塚に対抗する。

2 自分が入院していたせいもあることを詫び、今はこのコンサートを成功させることに全力を挙げようと励ます。

3 怒鳴るよりも、少しは自分のやることを見つけて準備をするように告げる。やることがないのならイスの組み立てを手伝わせる。

4 奈々と直接話し合いをさせる。自分はその仲介として一緒に話を聞いて解決に導く。

あなたの判断 □

案件⑦ ドリアンチョコを渡すって

1 久瑠実にそのメールを転送してもらい、警察への情報提供にするために保管しておくよう指示する。

2 久瑠実に狩野という男は詐欺をした犯人なので被害にあわないように連絡し、そのほか狩野と接触があった友だちにも連絡させる。

3 久瑠実に狩野のメールをそのまま転送してもらい、そのメールアドレスに柴田から連絡を取らせ、事実関係を調べる。

4 奈々の携帯のメール受信設定を調べさせて、もし、設定が誤っていた場合は他のメールも受信できないので設定を至急変更させる。

あなたの判断 □

案件⑧ イスが壊れてます

1 冗談じゃないと厳重に抗議する。設備の不備は会場側の責任であり、開演までに何としても100席のイスを用意するように申し入れる。

2 今から全員で応援に行き、壊れているイスを含めて何としても100脚のイスを用意する。

3 200脚のイスが必要なので、今回はイスを使わずにスタンディングなどの方法を検討する。

4 可能な限りのイスを用意し、足りない分は立ち見になることを観客に説明、立ち見席は半額に値引いて返金対応する。

あなたの判断 □

案件⑨ テレビ取材が来てるぞ

1 テレビ取材ではない可能性が高いのであまり騒がないように指示する。プログラムも変更しない。

2 全メンバーにテレビ取材が入るかもしれないことを伝え、メンバーにもっと観客を動員し人気ぶりをアピールするように伝える。プログラムも変更する。

3 プログラムを変更して得意曲を最初に演奏し、ソロを鈴木にまかせてみる。観客はイスが足りないので呼ばない。

4 こんなバンドに取材が来るはずないと野木に伝え、現実的に考えるように説得して落ち着かせる。

あなたの判断 □

案件⑩ 冷え性だから室温あげてくれる？

1 温度設定は観客に合わせると告げる。衣装を工夫させたうえで、開演すると熱気で室温が上がることを説明し納得させる。
2 自分勝手なことを言うなと指導し、イスを組み立てれば体も温まると言って、手伝いを指示する。
3 メンバー全員を集めて討議させ、決定させる。
4 メンバー、特に鈴木のコンディションは大事なので、温度を希望通り上げる。

あなたの判断 □

案件⑪ おばあちゃんが入院したの

1 奈々を九州のおばあちゃんのところに至急お見舞いに行かせる。
2 奈々にねぎらいの言葉をかけて、心配なら母親または病院に電話させる。
3 奈々に、おばあちゃんに電話をさせて、コンサートがテレビ中継されることを連絡させる。
4 奈々に、みんな心配事を抱えて本番に臨もうとしているのだから、もっとしっかりするようにと指導する。

あなたの判断 □

案件⑫ マイクと延長コード、どうするよ

1 会場に連絡させて対応させる。
2 会場に連絡させて、かつ鬼塚に対応を任せる。
3 すぐに自分が行って会場に折衝し、それでもだめなら買いに行く。
4 代わりのワイヤレスマイクを借りると費用が発生するのかを確認する。

あなたの判断 □

案件⑬ イカフライをエビフライに替えます

1 足りないのは業者の責任なのでもともとのメニューで何とかするように指示する。
2 電話しない（エビフライに変更でよしとする）。
3 立食に変更するので、オードブルに変更してもらう交渉をおこなう。
4 ある分はイカフライにして、残りはエビフライにする。

あなたの判断 □

案件14 ギャラが一緒ってありえないよね?

1 ポジション変更の件を了解し、ソロも鈴木にやらせる。メンバーには理解を求める。

2 鈴木にわがままはいい加減にしろ、と怒鳴って、指示に従わせる。

3 コンサートを成功させるために協力を仰ぎ、予定通りに進めることを告げる。納得しない場合は鈴木を今回のメンバーから外す。

4 鈴木には前向きに検討するといいつつ、そのままのプログラムで進める。

あなたの判断 □

案件15 譜面台が届かないぜ

1 自分で急いで取りに行く。ケーキのたまには保管してもらっておく。

2 野木に取りに行かせる。その際にあわてず気をつけて行くように伝える。

3 近くの音楽教室や学校にあたらせる。それで見つからなければ、手作りで譜面台を作らせる。

4 金田副店長に依頼して持ってきてもらう。

あなたの判断 □

案件16 やるのかやらないのか決めてくれよ

1 鬼塚には現在検討中なのでと言って待たせる。打ち合わせをする時間はない。

2 コンサートは中止にするので撤収をする準備をする。

3 開演10分前に打ち合わせをするので舞台そでに集まるように指示する。その際に伝える連絡事項をまとめる。

4 開演前はバタバタしていて打ち合わせできないので時間ができたらおこなうと告げる。

あなたの判断 □

案件17 DVD持ってきたよ

1 DVDを見る暇はないので、気持ちだけもらっておくと、お礼と感謝の言葉を伝える。

2 開演前に流せるかもしれないので、至急受け取りに行き、会場に上映の依頼をする。

3 ディナータイムに流したいので、後ほど受け取りたいと連絡する。

4 受け取って上映できれば上映するが、確約はできないことを念押ししておく。

あなたの判断 □

案件18 ご予約ありがとうございます

1 予約した覚えはないので何かの間違いではないかと笹川音楽ホールに至急問い合わせをおこなう。

2 すぐにキャンセルの連絡をして、返金の金額を本日の支払いに充てることが出来ないかを確認させる。

3 メンバー全員を集めてコンサート開催を1週間後に変更することを告げ、至急現在のコンサートホールのキャンセル手続きをおこなう。

4 本日はバタバタしているので、明日、直接ホールに行き、事実確認をおこなう。

あなたの判断

案件19 うまく弾けるか不安です

1 直前になってそんなことを言うのはプロとしての自覚がないと指導する。

2 本番で失敗する恐れがあるのであゆみの出演を見合わせ、他のメンバーでやりくりする。

3 しっかりしろ、と叱咤激励して、それでもダメなら人という字をてのひらに書かせて飲ませる。

4 大丈夫、失敗してもいいから楽しんでやるようにと、緊張をほぐし励ます。

あなたの判断

案件20 どうして私を誘わないんだ

1 お詫びをしたうえで、チケットを青山店長から受け取って、譜面台を持ってこちらに来てもらう。あわせてコンサートホールの支配人と交渉してもらえないか依頼する。席は特別席を用意する。

2 店長が来られないので席が余っていることを告げて、よければ来てもらうように依頼する。ただし、その条件としてコンサートホールの支配人を納得させることを告げる。

3 誘ったつもりだったが何らかの連絡ミスで話は伝わっていなかったと金田に告げ、あくまで悪気はなかったことを理解してもらう。

4 今回は誘えない理由があったことをお詫びし、そのうえで次回は最優先で誘うことを約束する。そして次回コンサートをするためには譜面台が必要で、申し訳ないが譜面台を持ってきてもらうように依頼する。

あなたの判断

d e c i s i o n

バタバタせずに優先順位をつける

青沢は一通り今処理するべき案件を手帳にまとめた。

青沢がそれを見て考えていると、奈々がそでを引っ張って言った。

「リーダー、このままじゃ、奈々のせっかくの手作りケーキが無駄になっちゃうっ。どうしたら、どうしたらっ」

奈々は体を震わせて訴え、それに野木があごを突き出しながら突っ込む。

「ばーかっ、そんな問題じゃねえだろ。しかしよ、ここまで来て、何てことだよ、な、リーダーっ」

青沢は静かに考えている。

「リーダー！　押谷っちは遅刻、電気コードはつなげられない、イスがボロい、イカフライがエビフライになる……わーっ、もうどうしたらっ、奈々爆発しますっ」

奈々はウサギの耳のような髪の毛を振り乱しながら両手で顔を覆った。それをおさえるようにあゆみが奈々の肩に手をかけながら、

「あ、はじめまして、あの……私、奈々ちゃんの紹介でミラクルに入った仲あゆみといいます。すみません、帰国してすぐにこんな状態で……私たちはどうすれば……」

とおびえた表情で言った。

「リーダーっ、何をグズグズ書き込んでるんだっ、それどころじゃねえだろう、他にもトラブルが一気にふきだしてるぜっ」

野木が両手をあげながら怒鳴るように言った。奈々もあゆみも青沢に声をかけた。

「リーダーっ、エビフライは……支払いが……奈々のケーキはっ」

「あの、リーダー……私たちどうすれば……」

青沢は腕組みを解いてようやく口を開いた。

「みんな、少し落ち着こう。そんなバタバタしている状態では、正確な判断ができるわけないよ」

「奈々は落ち着いていますっ。落ち着いていますからっ、でも、ケーキがっ、譜面台がっ」

「奈々ちゃん、こういうときは心を澄ますんだ。知ってるかい、荘子の言葉で『明鏡止

水』って」

「おおーっ。荘子って奈々知ってる。あの、あれでしょ、おまえの落とした斧はこの金の斧か、銀の斧か、って聞いて来る人だ」

あゆみは首を振りながら答えた。

「奈々ちゃん、それちがう……荘子って中国のむかしの思想家だよ」

「明鏡止水は『人は流水に鑑《かがみ》することなくして、止水に鑑す』という言葉からきてるんだけど、水面を鏡として自分の姿を映そうとしたときに、水面が揺れ動いていたり、乱れたりしているとうまく映らないだろう。要するに、乱れた精神状態では状況が正確に把握できないってことなんだよ。イコール、正確な判断ができない」

「そっか、心を研ぎ澄ますか。奈々、得意だぞ、さ、瞑想っ」

そう言うと奈々は目をつぶって、手を合わせた。

「おいおいっ、今はそんな話をしている場合じゃねえよ。どうするんだよ。いろんなトラブル起きてるし、やばいよ、とにかく時間がねーんだよ」

野木は取り乱して言った。

「野木。こんなときこそまずするべきは、冷静さを保つことだよ、バタバタしている自分を冷静に見つめるんだ」

「そんなことしている場合かよっ。あと1時間で開演だぜ、そんな暇あったら、1つでもなんとかしないと……」

「バタバタしながら判断しても、ろくな判断ができない。野木、一度深呼吸してみようぜ、ほら」

青沢は野木の横で胸いっぱいに空気を吸った。

野木はおろおろしながら、形だけの深呼吸をすると、青沢がゆっくり深呼吸しているのを腕組みをしながらうらめしそうに見ている。

「おおっ、見える見えるっ。野木っちがあわてて鼻の穴を広げているのが見えるっ」

奈々は笑いながら言った。

「奈々ちゃんは冷静になったようだね、あゆみちゃんは大丈夫かな」

「え……はい、深呼吸したら、少し落ち着いたような気がします」

「そうだろう。こんな状態のときこそ数分でも心を落ち着かせて、感情で判断しないようにしないといけない。リーダーは事実から判断するべきなんだよ」

あゆみはつぶやいた。

「感情……そうですね。追い込まれると、とにかくそれから逃げたいと思っていたような……」

「うん、それは誰でもそうだよ。だからこそ、自分の頭の中をどのような感情が占めているのかを考えてみるといいよ」

「頭の中……うーん、そうですね。なんだろう、ね、奈々ちゃん」

あゆみは戸惑いながら、奈々に話をふった。

「奈々の頭の中は……なんか、車がクラッシュして、その中すり抜けて走ってくるイケメン男子が奈々を助ける……あゆみちゃんも同じでしょ」

「あゆみちゃんは今どんな感情かな。それを見つけることが、自分を落ち着かせる第一歩だよ」

あゆみはこめかみに人差し指をくっつけて考えた。

「え……焦り……それと……後悔かも」

「うん、よく言えたね。自分の感情を見つけることが冷静に判断することの第一歩なんだ。たとえば、組織で部下の評価をつけるときや、判断するときに、本当に乱れた水面じゃないか確認しなければ、自分でも知らないうちに感情、つまりねたみや嫌悪感など、私情が入った判断になってしまうおそれがあるんだよ」

あゆみはコックリとうなずいた。

「はい。私は……恥ずかしさとか。あと、なんでしょう、恐怖かも……」

野木は打ちっぱなしの壁に片手をつけて、会話が終わるのを靴のかかとでせかすようなリズムを打ちながら聞いていたが、しびれを切らして大きな声で言った。

「おい、そんなことしてたらあっという間に1時間たっちまうじゃねえか。もう5分経ったぜ。あと55分で開演だ。その前に、開場は15時半だから、あと25分で観客が入場してきちまう。ほらほらほらほら、早くしねーと、これだけややこしい問題があるんだぜ。ともかく順番に片づけていかねーと」

「……ちがうね」

青沢は言い切った。

「は、はあ？　ちがうって何が」

「……僕が大学で教えているインバスケット思考では、案件を片っぱしから判断していくのではなく、まずすることは、すべての案件を把握することなんだ。そのうえで、やるべきこととやらなくてもいいものに分けるんだよ」

「いんばすけっと思考？　……おいおい、だからよ、時間がないんだよ。理屈はともかく、全部やるんなら、最初から順番にやっていったらいいんじゃねえか。それが確実だろ」

「そこなんだ、もちろん全部やろうとする姿勢は素晴らしいと思うけど、1時間という限られた時間の中ですべてをできると思うかい」

「なに、じゃあ、全部やらないって言うのか？　全部しなかったら、やばいだろ。どう考えても……」

青沢は天井を一度見上げて言った。

「全部やろうと思うからダメなんだ。インバスケット思考では、最初に今やるべきことと、そうでないことを分けることから始め、それから処理する順番を決めるんだ。これを優先順位設定と言うんだよ」

「ゆ、優先順位……。そんなこといつもやってらあ。なあ」

野木は額に汗をにじませながら、奈々たちを振り返った。奈々が横から口をはさんだ。

「奈々も、優先順位つけてまーす。たとえばケーキだと、このケーキから早めに売っていかないとゴミ箱ちょっこーっとか、あと、お金がないから服買わずにガマンするとか、奈々、優先順位のプロっ」

「ははは、そうだね、それも優先順位だね。僕たちは知らないうちにつねに優先順位をつけながら生活しているんだね。でも、多くの人はこの優先順位の順番をつける際に、たとえば期限が迫っているとか、時間を軸に順番をつける癖があるんだよ」

「おい、そりゃそうだろうよ。急いでいるものからやるのがふつうじゃねーか」

野木はほどけたブーツのひもを結びなおしながら言った。

「うん、たしかに期限が迫っているものも大事だけど、もう1つ、やるべきことを決めるのには、重要度、つまり、その案件を処理しないとどのような影響が出るかを考えて順番をつけることがポイントなんだ」

「おいおい、リーダー、いつのまにか仕事の大学講師になりきってないか。そんな場合じゃないだろうよ。ま、言ってることは何となくわかったけどな」

「ははは、悪い悪い。じゃあ、処理をする順番を決めようか」

「おうっ、行くぜっ。でもどれから片づければいいんだ？　片づける問題が20件はあるぜ」

「問題のことをインバスケット思考では案件と呼ぶんだけど、まずは全体の流れをつかんで案件の関連性を考えて順番を決めるのがいいよ。そうすると必ずしも20件を別々に判断する必要はない。大きく判断をしなければならないのは5〜6件くらいじゃないかな？」

「はあ？　何言ってるかわかんねえよ。リーダー、勘違いしてねえか。片づけなければならないのは20件あるのに、6件しか片づけなかったら、あとの案件はどうするんだよ。なあ」

「いや、全体の流れをつかんで関連づけていくと、根っことなる判断数は3分の1くらいになるんだよ」

「はああ？　やっぱり何言っているかわからねえ。じゃあ、どれからつぶしていくんだよ。ケータリングの電話か？　やっぱ食うものは大事だからよ。それとも、電源コードか……まったく、どれから手をつけるべきかわからねえ」

「そうだなあ、緊急度と重要度を踏まえて判断すると、まず、大事なのはコンサートを開催するかどうかを決めることだろうね。その判断によってそのあとの判断が変わるだろ。

それに、一番大きな影響がある判断だからね」

あゆみは手を胸の前に合わせるようなポーズで青沢に聞いた。

「あの、開催するかどうか？　……ということは、コンサートをしないという選択肢もあるということですか？」

野木はあゆみの質問が理解できたらしく、

「なにっ、おいっ。冗談じゃねーよ。コンサートはやるんだよ。今さら何言ってるんだ、リーダーっ。正気か」

青沢は野木をなだめるように言った。

「それを先に判断しなければならないと言っているだけだよ。今の段階ではまず、何から処理するべきかの順番を決めるのが先決だよ。じゃあ、このリストの中から緊急度、重要度を考えながら、やるべき案件を決めよう。野木、ところで、遅刻の押谷以外の2人はどこに行った？」

「あ？　ああ、鬼塚と鈴木なら、ステージでチューニングしてるぜ。押谷が遅刻するっていうのを聞いて、やる気なくしてるかもな」

「そうか。まあいい。じゃあここにいる4人でなんとかしよう」

奈々が青沢のリストをのぞき込んで言った。

「奈々発見っ、この案件とこの案件、つながってるんじゃないっ？　それと、コンサートやらないんだったら放置プレイオッケーの案件もたくさんある」

「ははは、いいところに目をつけたね。全体を見ると複雑に関係しているから、まずどこから手をつけるかが変わってくるよ。……よし、この順番で処理をして行こう」

青沢はそう言うとまず案件1から処理を始めた。

優先順位

1

コンサートをおこなうかどうか

野木は机に両手をついて立ち上がって言った。

「おい、リーダー、どうするよ。このままじゃコンサートが18時で終わっちまうぜ。どうやって支配人を説得するよ」

「ああ、でも説得する前に判断することがあるよ」

青沢が表情を和らげて言うと、奈々が手をたたいて部屋中に響かせた。

「奈々、わかったっ。奈々のケーキをどうするかだ」

あゆみはびっくりしながら言った。

「奈々ちゃん、ちょっとちがうんじゃ……」

案件 1

荻野ホール支配人より電話

事情はわかりましたが、当方としても入金の見込みがないうえは、規定によりお貸しすることができません。

当初の契約通り18時までに、当日中のご入金の確約がいただけない限り以降の使用は許可できませんのでご了承ください。

冷たいようですが、当方としても初めてのご利用で信頼関係もありませんので、このようなご回答になりましたことご理解ください。

追伸:どなたか代理人の方に立て替えていただくなどできませんか。

関連案件

5	1
18	16
	20

案件16

メンバーの鬼塚より

おい、やるかやらないかはっきりしてくれよ。
やらないんだったら、ここにいても仕方がねーだろ。
大体、段取りめっちゃ悪すぎなんだよ。
もしやるんだったら、打ち合わせぐらいしないと突然本番なんてありえないぜ。
早く決めてくれよ。

青沢は笑った。

「まず、大きな判断からするべきだよ。つまりこのコンサートを開催するかどうか？　だよ」

「ま、また……何言ってるんだっ。や、やるに決まってるだろっ」

「つねに判断はフラットな状態でするべきだよ。やることが前提で考えるのではなく、やることとやらないことのメリット・デメリットを比較して決めないと」

「やらないって……ありえねえ、やるに決まっているじゃねーか」

「それはなぜだい？」

青沢が生真面目な顔をして聞いた。

「なに、なぜかって？　……いや、それはつまり、やらなければならないからじゃねえか」

「野木、それは主観じゃないか。判断には必ず選択肢が必要だよ」

野木は勢いをなくして長机のそばのイスに腰をかけた。

一方で奈々は手を両頬にあてて、目をうるませている。

「やらない……そんなあ……奈々のケーキが……」

青沢はその様子を見ながら、

「奈々ちゃん、大丈夫だよ。メリット・デメリットを考えると、今回はすでに観客も集まっているし、やらないことによるリスクのほうが大きい。今回は開催するほうがいいようだ。でも、**判断の際には必ず、逆の選択も頭に入れながら判断するべきなんだよ。これが対策立案力だよ。対策を考えるときには1つの対策だけではなく必ず複数の対策から考えるんだ**」

「なんだよっ、結局やるのかよっ。それならはじめから考えなくてもいいんじゃねーか」

野木は少し安堵して言った。

「判断にはプロセスが大事なんだ。プロセスを省くと、時間は省略できるかもしれないけど、結局誤った判断をしてしまうことにつながるんだ。特にリーダーはチームがその方向に進もうとしているときに、つねに反対の選択肢を持っておくべきなんだ。それと奈々ちゃん……」

青沢は奈々のほうに体を向けた。

「奈々ちゃんはコンサートをしないことで用意したケーキが無駄になることを問題視しているようだけど、本当にそうなのかな」

1　コンサートをおこなうかどうか

「ゲッ、ちがうのっ？　だって奈々、ケーキ、がんばって作ったんだよ……」

「たしかにケーキが無駄になるのもイヤだろうけど、もっと失ったら大変なものがあるんじゃないかな……」

「奈々のケーキより大事なもの……うーん、なんだろっ」

奈々は頭を掻きむしりながら考えた。

「コンサートをしなかったら、ケーキが無駄に……うん、奈々のケーキを楽しみにしていたお客さんががっかりするっ。これだっ」

青沢は苦笑いをした。

「結論を言うと、見に来てくれるお客さんの信頼を裏切ることになる。つまり、信頼をなくすよね。みんなスケジュールを合わせて、さらにお金を払って来てくれてるだろう。この信頼を裏切るのは、奈々ちゃんのケーキより重大なことだと思わないかい」

「うん、言われてみればそう思うっ。奈々……はずれ……そうかあ、お客様のがっかりが大事なんだ……どうして、奈々そんなこともわからないんだろ。奈々のバカバカ、バカ」

「**何が問題なのかを発見することを問題発見力というんだ。この問題発見のポイントがずれていると、物事の優先順位もつけることができないし、解決しなくていい問題に力をつぎ込むことになるんだよ**」

「奈々……ポイントずれてる。はじめてわかった。カルチャーショックだよ、奈々は」

「同じ現象でも、人によって何を問題視しているのか、大きく変わってくるんだ。人によっては問題すら感じなかったり、自分の問題ととらえたりすることができない人もいる。それに対して奈々ちゃんは問題点を見つけているから素晴らしいよ」

「え、奈々はダメじゃないの？　奈々、安心。奈々、素晴らしい……」

「うん、ただ、本当にそれで問題が解決するのか、自分に問い直すことをしたらどうかな？」

「自分に問う……それなら奈々、よくやっています。奈々は元気ですかあって。そしたら奈々は元気ですうって言うよ」

3人は少し固まったが、青沢が間を気にしながら声をかけた。

「ははは……まあ、それでもいいけど、じゃあ、この問題ではどう聞いたらいいかな」

「うん。おいっ、奈々っ。おまえは本当にケーキが大事なのかっ」

奈々は急に立ち位置を変えて、

「奈々のおバカ、ケーキはまた作ればいいでしょ、大事なのは見に来てくれるお客さんをがっかりさせないことでしょ」

奈々はひとり劇場を続けようとしたが、野木が止めた。

「おいっ、いつまでやってるんだよ、おまえ、動かずに考えられねえのか」

青沢は笑いながら

「ははは、でも、本当にそれが問題かと考えることは大事だよ。インバスケット思考では問題発見ができないと、そもそも正しい判断や案件処理ができないからね」

野木は青沢に両手を広げながら言った。

「でもよおっ、問題がわかっても、それをなんとかしなけりゃ、このままじゃアウトだぜ。観客に説明してチケット代をもう一度払ってもらうとか、なんとかしなけりゃ……」

あゆみは小さな声で野木に言った。

「野木さん……それは……」

「でもよっ、このままじゃ、ここ借りられないぜ。まったくどうすればいいだよ、大ピンチだ」

「よくわからないですけど……なんとか、事情を話して支払いを延期してもらえればいいんですけど……」

奈々が顔をぶるぶると横に震わせて言った。

「ダメダメ、全然ダメ。奈々がどんなに言っても、聞いてくれないもん」

「なんだよそれっ。こっちがこれだけ困っているのに。そうだ、全メンバーで交渉すればいいんじゃねーか。数で勝負だっ」

「おおっ、野木っち、ナイスアイデアっ。みんなで行ってお金がないことを話せば、必ず伝わるよね。奈々も賛成っ」

野木と奈々が盛り上がっている横で、あごに手を置きながら青沢は落ち着いて言った。

「それも1つだけど、もっと相手を納得させる方法を考えなきゃ。つまり調整力だね」

「おいおい、なんだいそれ、オレたちの考えを相手に伝える。それでいいじゃねーか」

野木は押したり引いたりのポーズをとりながら言った。

「調整力で大事なことはWIN―WIN《ウィン・ウィン》の関係になるようにすることだよ。もし、僕たちが強引に会場を借りたいと言っても、オーナーにはメリットどころか不安が残るだろ、これじゃWIN―WINにならないよ」

「じゃ、どうすれば……」

あゆみは腕時計を気にしながら青沢に尋ねた。青沢もあゆみにつられて時間を気にしながら答えた。

「うん、オーナーは、料金を今すぐ払えと言っているわけじゃないよね。当日中に払うことを求めているんだよね。それと、オレたちの信用がないことを問題視しているんだよね」

「はい」

「だから、こっちも当日払う意思を示すべきだと思うよ。そして、論理的に料金を払えることを説明できれば、相手も安心するんじゃないかな」

野木は頭を抱えながら訴えた。

「青沢っ、おめえ、わかってないな。だ・か・ら、オレたちはノーマネーなんだよっ、ノーマネー！　こいつのせいでな」

野木は目で指をさすように奈々をにらんだ。

「ひょっ。ぐ、ぐすっ、奈々が……奈々が……」

奈々の瞳が急にうるみだした。青沢はやるべきことを書いた手帳を見ていた。あゆみも解決するべきことを書いたメモを見ていたが、急に顔をあげ言った。

「あの……たぶん無理だと思いますが……」

野木が貧乏ゆすりしながら言った。

「無理ならはじめから言うなよ。オレたちには金が必要なんだよ」

あゆみはびくんとしたが青沢は足を組みながら先をうながした。

「いや、いいよ、言ってみて」

あゆみは安心して話し出した。

「あの……たしか奈々ちゃんの手作りケーキがあったと思いますが……あれ、売っちゃダメでしょうか」

あゆみの言葉を聞いた奈々は、顔がゆがむほど横に振った。

「わあっ、ダメダメメッ。あれはみんなへのプレ

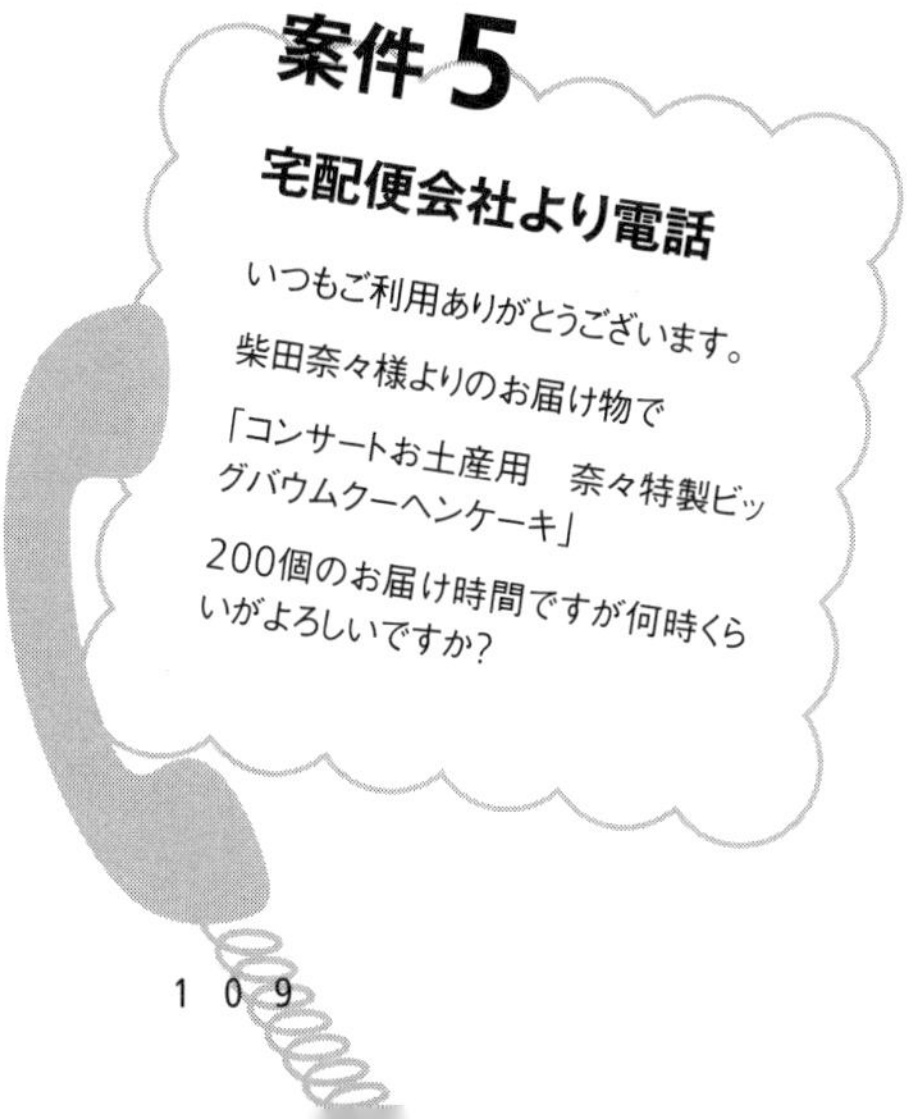
案件5
宅配便会社より電話
いつもご利用ありがとうございます。
柴田奈々様よりのお届け物で
「コンサートお土産用　奈々特製ビッグバウムクーヘンケーキ」
200個のお届け時間ですが何時くらいがよろしいですか?

ゼント用だからっ。奈々はそのつもりで作ったんだからっ、奈々の傑作なんだからっ」

野木が突っ込んだ。

「おいっ、そもそもおまえがしっかりしないから、こんなことになったんだろっ。おまえに反対する権利はないっ」

「え……奈々、発言権がない……わかりました。奈々は貝になります……」

奈々は体を縮めた。一方で青沢は語気を強めた。

「そうかっ、もし、５００円で２００個売れたら10万円だな、手付金くらいにはなるかもしれない。あゆみちゃん、いいアイデアだ。**さまざまな情報を組み合わせて解決策を模索することは、創造力という素晴らしい能力なんだよ**」

「え……そうなんですか……」

「うん、そういえば、ケーキの配達の時間の問い合わせが来ていたよね。販売するとなると、これを早めて、18時のディナータイムなどに販売しなければならないね」

あゆみはうなずいて、

「わかりました、では配達業者にできるだけ早く持ってくるように言っておき、コンサートホールの方に受け取りをお願いしておきます。奈々ちゃん、いいかな……」

「奈々のケーキがお役に立つのなら……」

奈々はそういって両手を差し出すまねをした。

青沢はうなずきながら野木に向かって言った。

「このように判断を実際の行動や計画に落とし込む。これが計画力だよ。その計画や対策をスムーズに進めるために、利害関係にある人間や、会社であれば部署なんかと事前に調整をする。それが調整力だ」

野木は青沢の言葉を聞きながらも、立ち上がって右往左往している。そして何か思いついたかのように言った。

「おいっ、みんな、これで解決したような気になってねえか。奈々のケーキが売れたとしても、コンサートホール代にはまったく足りないぜ。どうするよ」

あゆみも顔を曇らせて、

「そうですね。全額払うめどが立たないと……」

青沢も腕組みをして考えていたが、突然体を傾けて奈々に言った。

「うん？　ちょっと待てよ。奈々ちゃん、あの笹川音楽ホールからメールが来たって言ってたよね。ちょっと見せて」

奈々は青沢に自分の携帯の表面をそでで拭いて渡した。

「ほい。パスワードはいい子いい子ねんねんころり……と、はい、どうぞ」

案件 18

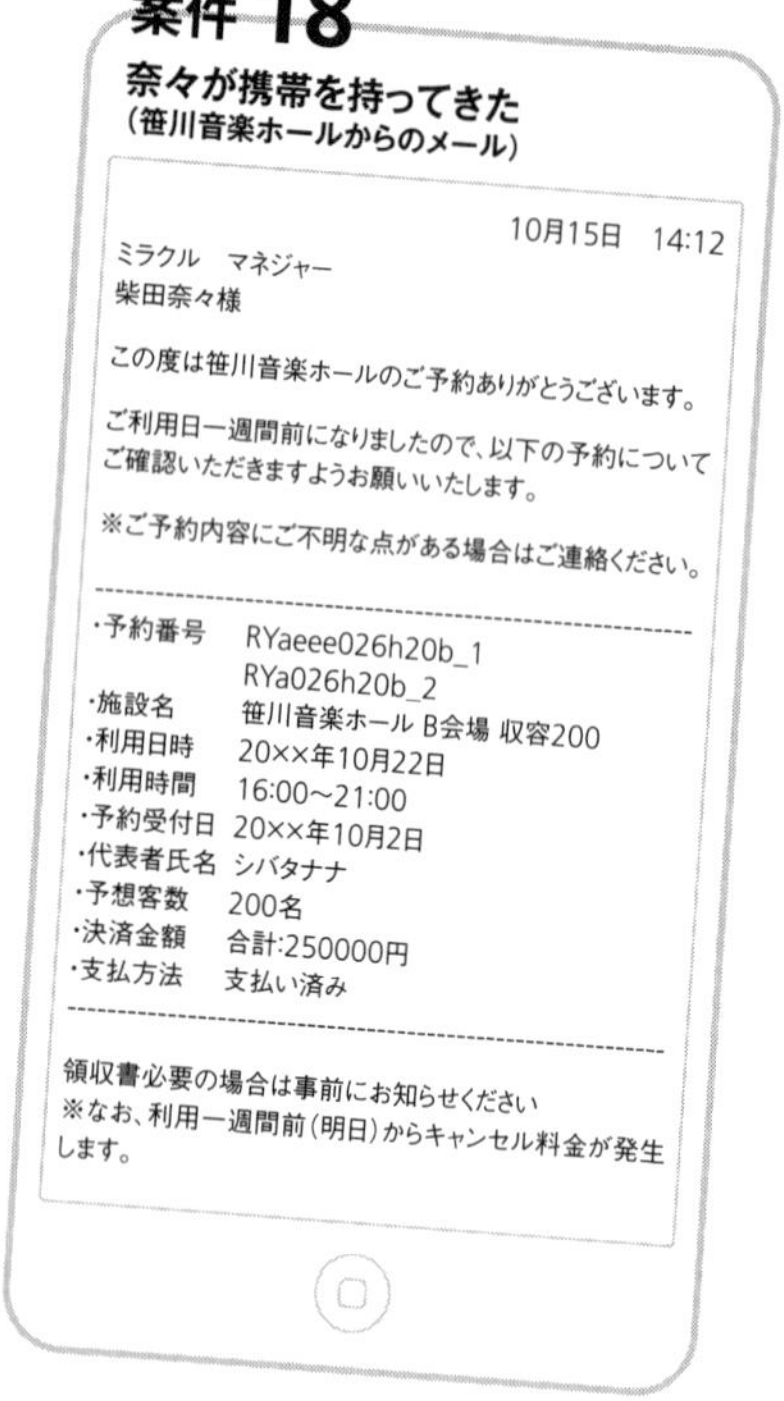

奈々が携帯を持ってきた
（笹川音楽ホールからのメール）
10月15日　14:12
ミラクル　マネジャー
柴田奈々様
この度は笹川音楽ホールのご予約ありがとうございます。
ご利用日一週間前になりましたので、以下の予約について
ご確認いただきますようお願いいたします。
※ご予約内容にご不明な点がある場合はご連絡ください。
・予約番号　RYaeee026h20b_1
RYa026h20b_2
・施設名　笹川音楽ホール B会場 収容200
・利用日時　20××年10月22日
・利用時間　16:00～21:00
・予約受付日　20××年10月2日
・代表者氏名　シバタナナ
・予想客数　200名
・決済金額　合計:250000円
・支払方法　支払い済み
領収書必要の場合は事前にお知らせください
※なお、利用一週間前（明日）からキャンセル料金が発生
します。

「おまえ、どんなパスワード設定しているんだよっ」

野木は突っ込んだが、青沢は真剣に画面を見てメモをしている。

「奈々ちゃん、この件は何か心当たりあるかな？」

「えーと、奈々はこの件、無罪を主張します。だって笹川なんて名前も知らないもん」

「うーん、そうかあ。でも、これって予約して、しかも入金もしているってことになっているよね。まさか、例のプロデューサーが申し込んだ……」

あゆみが驚いて聞き直した。

「え？　狩野さんが……でもどうして１週間後を……」

「理由はわからないけど、実際に予約が入っているという事実と、奈々ちゃんが知らないということから、仮説は立てられるよね」

「ええ、そうですね」

「奈々ちゃん、コンサート終了後に事実を確認したほうがいいね」

1 コンサートをおこなうかどうか

奈々はコックリ頭を下げた。

「うん、奈々確認する」

「頼むね、**大事なのは事実から仮説を論理的に立てて、その仮説を立証する情報を集めること、これを問題分析力というんだ**」

「リーダー、それってあたりまえっ。奈々、いつもやってるよっ」

「ははは、そうだね。でも、仮説を立てても、その仮説が本当かどうかを確認する人は少ないんだ。つまり仮説どまりになるんだね」

3人の会話の蚊帳の外にいる野木は目を鋭くした。

「そんなことどうでもいいじゃねーか、オレたちは、今、金がない。そいつが持ち逃げした。そんなやつのこと考えるよりも、金だよ、金。ギブ・ミー・マネー！ だぜ」

野木は手を大きく振ってエビのような姿勢をとったが、青沢は毅然として言った。

「どうでもいいことはないよ。この案件のお金はもうすでに払い込まれているってなっているよね。そしたら、キャンセルしたらお金が戻ってくるんじゃゃないかな」

あゆみがとっさに奈々の携帯の画面を下に送った。

「ホントだ。今日までなら解約できるって書いてあります」

野木が目の大きさを倍くらいにして立ち上がり、天に向かって一本指を立てた。

「おおっ、イエスっ、神様、ありがとうっ！ よし、すぐに解約だ。相手の間違いでも、とにかく解約してマネーをゲットだぜ」

奈々は何かを深く考えている。

「奈々ちゃんどうしたんだい……何か思い出した？」

「え……いや、奈々は……狩野さんがひょっとして予約してくれたのかな……と」

野木がクルッと回って、奈々に人差し指をつきつけた。

「柴田っ、おまえ、まだあんな男の肩をもつのかよっ。あいつはオレたちの金を持ち逃げしたんだぞっ。あいつは悪魔だっ。デビルなんだっ」

「……」

あゆみが野木に言った。

「野木さん……そこまで言わなくても」

青沢も奈々をなだめるように言った。

「奈々ちゃん、時期が来れば事実がわかるよ。今はみんなでコンサートを無事開催できるようにがんばろう」

奈々は目の涙を拭き払い大きくうなずいた。

舞台からは複数の男性らしき足音がときおり響いてくる。準備が進んでいるようだ。

野木が注意をそらすように言った。

「おいおい、やばいぜ、時間がアウトになるぜ。ともかく金の工面のめどは立ったから、支配人のところに、交渉に行こうぜ」

しかし、青沢は動こうとしない。

「たしかにお金の計画はできたけど、支配人のもう1つの不安をぬぐわないとうまくいかないよ。現金が手元に今の時点であるわけじゃないからな」

「つまり、信用されていないんですね……」

あゆみは下を向いた。

野木が立ち上がった。

「おいみんなっ、そんなことでどうするんだよっ。よし、それなら鈴木に行かせよう。あいつなら自信家だから、支配人をうまくだませるかもしれねーぜ、どうだ」

奈々が大笑いしながら言った。

「きゃはは、鈴木っちにお願いしたら、〝おい、僕のサインを書いてやるからなんとかしろっ！〟とか言いそう。おもしろーい。奈々ウケる」

「あの……」

奈々の笑い声に消されそうな声であゆみが言った。3人はあゆみに視線を集めた。

「たしか、案件の20番目を見ると、うちの金田副店長はここの支配人と知り合いだったんじゃ……」

青沢も自分の手帳をめくった。

「おっ、本当だ、僕はこの方とは面識がないけど、奈々ちゃんとあゆみちゃんのバイト先の上司の方だよね。あゆみちゃん、案件同士を関連づけて判断するのは洞察力というんだ。あゆみちゃんは素晴らしい洞察力も持っているね」

青沢が言うと、奈々がテンション高く言った。

「奈々ね、金田さんと友だちだよ。いつも、こら柴田っ、とか言って頭をチョンってさわってくるんだよ、金じいはいい人だ」

「奈々ちゃん、それって叱られてゲンコツされているんじゃ……」

「あゆみちゃん、奈々のやる気スイッチは、頭の上にあるんだよ。それを知ってるのは金じいだけ」

奈々はそう言いながら自分の頭のてっぺんを押した。青沢は手帳に何か書き込みながら、

「ともかく、その金田さんに、支配人に交渉してもらえるように頼んでくれないかな。そしたら、

案件20

奈々に電話が入った（金田より電話）

おい、どうして店長を誘って、私を誘わなかったんだ。
いつ誘うのかと思って待っていたのに、ついに誘わなかっただろ。
店長より私のほうが、柴田の面倒を見ているというのに
恩をあだで返すつもりか。
これだから、最近の若い者は筋が通っていないというんだ。
私はこう見えても昔はなあ、バンドを結成してたんだ。
中年だからと言って誘わないのは失礼じゃないか。
先ほど会場に電話したら、びっくりした。
私の友人のホールでするんだな。
しかし、すでに前売り券は売り切れだとか。
まあ、券が無いのなら仕方がないが、次回は私を誘えよ。
この日のために休みを取っていたのに残念だ。
まあ、暇だから今店に来たがな。
この付近の競合店でも見に行くとするか。

きっと支配人も少しは僕たちを信用してくれるんじゃないかと思うんだ」

野木が人差し指を立てて、飛びあがった。

「おおっし、これでオールクリア！　よし、開演だ、行くぜ、べいびーっ」

野木がパイプいすに片足を乗っけて舞台の方向を指差した。

あゆみは青沢に言った。

「あの……すごいです。どうしてそこまでパッ、パッ、と誰に何をやらせるってわかるんですか」

「あ、そうかな、いつもやっているから自分ではどうしてかはわからないけど……。**問題を解決する際に自分ができることには限りがある。それを知ったうえでその解決行動の適任者が誰なのか？　それをつねに考えなければならないんだ。立ってるものは、親でも使えってね、これはインバスケット思考でいう組織活用力というんだ**」

奈々が体をくねらせながら青沢の前に出てきて言った。

「あーん、奈々も使ってくださーい」

「ははは……そうだね」

優先順位

2 金田副店長へのお願い

関連案件

15	4

盛り上がっている野木とは裏腹に、奈々は携帯を見ながらうろうろしだした。

「でも、金じい、今回は怒っているかも。ふえーん、また奈々ゲンコツされる。どうしよう」

「おいおい、おめえ、このおっさんと仲いいんじゃなかったのか、それにゲンコツは元気のスイッチとか言ってたじゃねーか」

青沢が奈々に聞いた。

「金田さんをコンサートに誘わなかったからかな？」

「奈々、誘ったつもりだったけど……また、奈々、確認もれ……激ショックです」

野木が奈々のほうを向いて言った。

「でもよ、なんとかこのおっさんにうまいこと言って、ここの支配人に交渉してもらわないとよう。ハッタリでもいいからよう……」

案件4
奈々が携帯を持ってきた（青山みあからのメール）

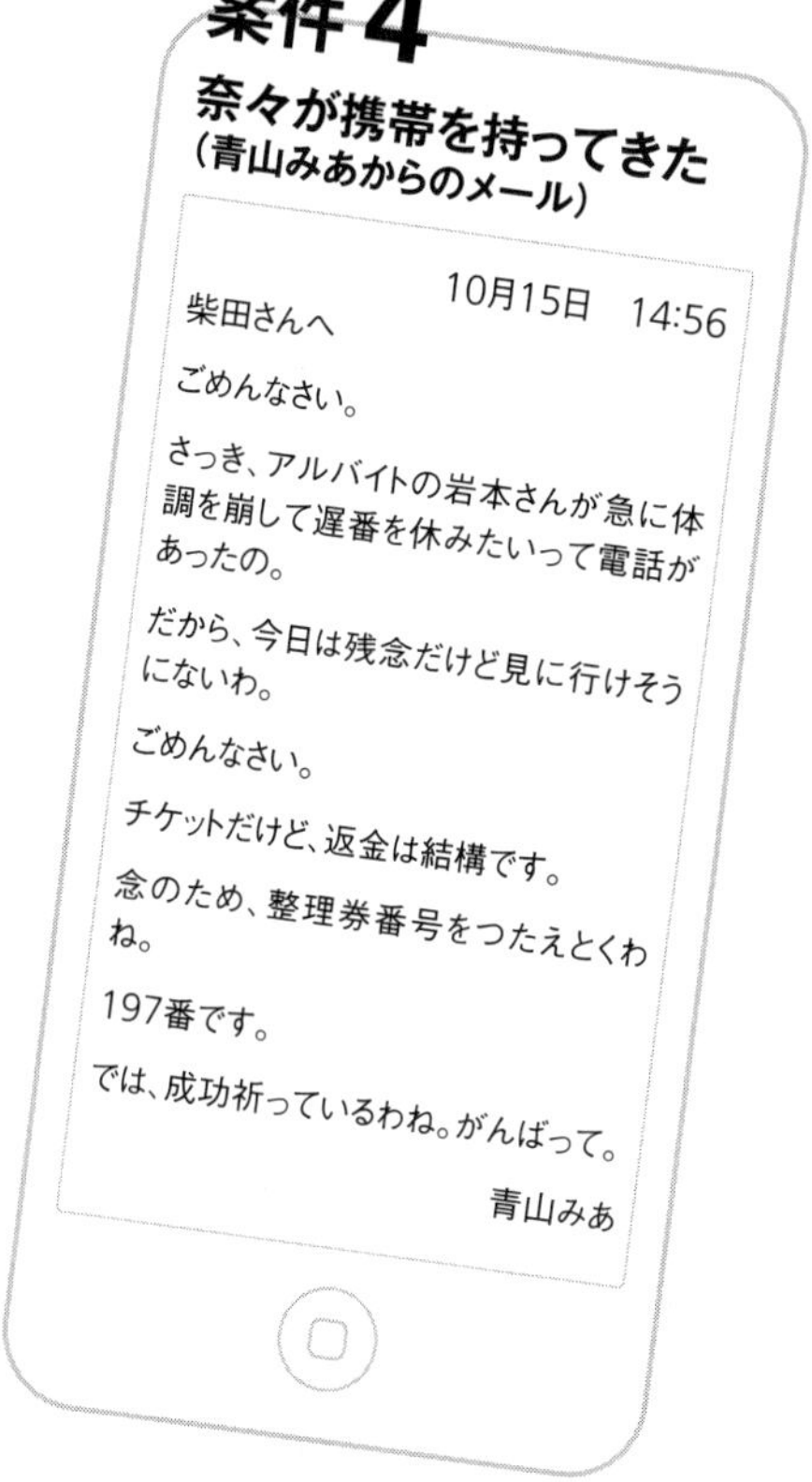
10月15日　14:56
柴田さんへ
ごめんなさい。

さっき、アルバイトの岩本さんが急に体調を崩して遅番を休みたいって電話があったの。

だから、今日は残念だけど見に行けそうにないわ。

ごめんなさい。

チケットだけど、返金は結構です。

念のため、整理券番号をつたえとくわね。

197番です。

では、成功祈っているわね。がんばって。

青山みあ

あゆみは野木の言葉をさえぎらないように言った。

「あの……金田さん、曲がったことが嫌いな方なので……あんまりウソを言うと……」

　奈々は頭に両手をあて、白い蛍光灯を見ながら頭を左右に振っている。

「じゃ、席があるから来てくれって言っちゃえば？　ほら、店長さんとか、奈々のお母さんもキャンセルだろ、というより、立ち見席ならいくらでも入るんじゃねえ？　なあ」

　野木は青沢に振ったが、青沢は険しい顔で答えた。

「甘いな。〝席が余っているから来てください〟で、この金田さんって人が本当に喜んで来てくれると思うか」

　野木は顔色を変えずに言い返した。

「そりゃ、来るだろ。まあ、コンサートを聴けりゃ納得するんじゃねえの。納得しなきゃ入場料を割り引いてやれば……」

「野木、それは表面的な解決策じゃないか」

「なんだよ、表面的って……。チケットがないなら、やりゃいいじゃねえか。青沢こそ難しく考えすぎなんだよ、インバスケット思考とやらで。なあ、柴田」

「奈々は青沢一派だから、青沢リーダーに1票」

そういって奈々は人差し指を天井に突きあげた。

青沢はニッと片方の口角をあげながら、野木に言った。

「つまり、金田さんはチケットがほしいから気分を悪くしているんじゃなくて、自分が大切に扱われていないから気分を害していたんじゃないかな」

「はあ？　そんなことねえだろ」

野木は吐き捨てるように言った。

「表面的な問題のとらえ方をすると、表面的な案件処理になる。問題の本質を見極めないと本質的な解決にならないよ。だから、チケットが余っているから来てくれ、では来ないと思う」

青沢が言うと、あゆみもうなずきながら言った。

「金田副店長、奈々ちゃんのこと気にいっているから、きちんとお詫びして招待したら、きっと来てくれるかも……」

「奈々は金じいとは仲良しだからね。〝よしよし〟したら大丈夫だよ、きっと」

　あゆみは下唇に指をあてて、考えた。

「でも、チケットがないと入場はできないから、まず青山店長に事情を説明して、店長のチケットを金田さんに渡してもらったら……」

「おおっ、あゆみちゃん、ナイスアイデア。じゃあ、あゆみちゃんは青山店長に電話ね。奈々は金田さんに電話する。……あ、そうだ、金田さん専用特等席を用意しよう。一番前に……よしっ」

　そう言って奈々は携帯電話をタッチして耳に近づけた。

「はろーっ、はろーっ、ディス・イズ・奈々。金田ちんですか。……わわ、そんなに怒らなくても。ハッピーなお知らせです。奈々は金田副店長をＶＩＰ席にご招待します。……そう、ＶＩＰですよっ。うれしいでしょうっ。……え？　何をとってつけたように、って……」

　奈々は携帯を右耳から左耳に持ち替えた。

「奈々……金田さんにお詫びをと思って、特等席を作ったのに……え？　来たい？　でしょ、でしょ。奈々の特製バウムクーヘンケーキもあります」

　野木は青沢に耳打ちした。

「あいつ、本当に不思議なやつだよな……」

　青沢は笑いながら奈々を眺めている。

奈々はさらに小躍りしながら話している。

「でもね、奈々、心配なんですぅ。実はここの支配人が奈々をいじめるから……え？　そう……えっ、まじまじマジですかあっ。金田副店長、話してくれるんですかっ。……さすがダテにスキンヘッドにチョロ毛じゃないっす。……いやいや……でね、無料招待しますから、あっ、ちょっと待ってください」

奈々の耳元であゆみが何かをボソボソと告げた。

「あの、もう1つ金じい、お願いいっ。お店に譜面台が届いていますから、それピュッと持ってきてください。……大丈夫です、よろぴくです。はい、奈々、がんばりまーす」

奈々はようやく携帯電話を耳から離し、眺めている3人にVサインを送った。

野木は真剣なまなざしで奈々を絶賛した。

「おい、柴田、スゲーな。まるで犬を飼いならすかのようだな。いや、でもでかしたな」

青沢も満足そうだ。

「奈々ちゃんは、人を動かす力があるよね。

案件15

メンバーの野木より

おいおい、注文していた譜面台が届かないぜ。

いま、業者に送り状番号を確認したら、送り先がケーキのたま東京中央店になっているみたいで、配達完了になってたぜ。

これ、柴田が手配したんだよね。

東京中央ってここから片道30分以上かかるぜ。

どうするんだよ。

うまく**キーパーソンと信頼関係を作って、動かす。これはインバスケット思考で言う組織活用力の1つだよ。**素晴らしいね。あゆみちゃんも、とっさによく他の案件の譜面台の件を思いついたね。いい判断だね」

「おいおい、奈々のことほめすぎだろ。もともとこいつのせいでこうなったんだぜ」

野木は突っ込んだが、青沢は続けた。

「いや、自分がやったほうが早いと考えて、自分で動く人が多いけど、奈々ちゃんのように、人を自発的に動かす力は成果を出す人の行動特性だよ」

自分のことを言われているのにあまり気づいていないようで、奈々はきょとんとして首をかしげた。

優先順位

3

観客は何人？

関連案件

13	8

あゆみが会場側の連絡を受けて、内線を切り、全員にこの件を告げた。

「やっぱり予備のイスなどもないようです……どうしましょう」

野木は頭を抱えて座り込んだ。

「なんだい……ここまで来て、ノックアウトか。どうなってるんだ、この会場はよう。それでもコンサートホールかよっ。おいどうするんだよ」

奈々が言った。

「壊れてても、イスはイスだよ。そうだ、会場の入り口に

案件 8

コンサート会場職員より内線電話

問い合わせいただいたイスですが、当会場はダンスや球技などで最近使われており、滅多にこのようなイスを使うことがないので、先ほど、スタッフに確認をさせると定員100名なので100あるはずが、まともに使えそうなイスが81脚しかないようです。

大変申し訳ありません。

あとの19脚はテープで補強していたり、錆びついていたりしているのであまりおすすめはしませんが、たぶん、座っても大丈夫だと思います。

どうしましょう、早めにご判断ください。

それと申し訳ないのですが、イスを組み立ててセットするのに申し訳ないですがお手伝いいただけないでしょうか。

よろしくお願いします。

こんなこと書いて貼っておこう！　『この中に座ったら壊れるかもしれないイスが19脚あります』って、リアルイス取りゲームだよ。超スリルあるう」

「おおっ。奈々、たまにはおもしろいこと言うじゃねーか。それ、いいな。おもしれえな。会場騒然となるぜ。禍転《わざわい》じて福となすとはこのことだ」

野木も声を張り上げた。しかし、青沢が反対した。

「それはダメだよ。危険だし、ケガでもしたら大変じゃないか」

野木が手を胸の前で大きく動かしながら、

「でもよう、会場の人は〝たぶん大丈夫〟って言ってるじゃねーか。リーダー、悪く考えすぎだよ」

青沢は真剣な目つきで野木に言った。

「野木、〝たぶん〟とか、〝おそらく〟という情報をもとに判断するのは、よくない判断だ。これらをインバスケット思考では定性情報って言うんだ。逆に数字や日時などのように、誰から見ても同じ尺度で測れる情報を、定量情報と言う。**定性情報は人の受け取り方によって性質の異なる情報だから、今回のような人の安全にかかわるような場面では判断材料にするべきじゃない**」

「え……じゃあ、どうするんだよ、三角座りでもしてろってのか？　どうするんだよ」

野木がほっぺたに両手をあてながら言った。

「どちらにしても、リスクのあるイスは使えないよ。使わないリスクと使ったリスクを比べると、圧倒的に使ったリスクのほうが大きいだろ」

「なんだよ、それ、言っていることはわかるけど、リスクは突破するためにあるんじゃねーのか。おめえ、よく言ってたじゃねーか」

「ああ、何事もリスクはあるから、リスクを恐れすぎると新しい突破口は開かないが、一方でリスクがあらかじめわかっているのなら、それを最小にする方法も考えなければならない。リスクを軽く見すぎるとデンジャーに変わるんだ」

あゆみが聞いた。

「すいません……あの、イスの数なんですが……」

「うん？　数？」

「たしか、前売り券の数は200じゃなかったですか？　案件4の青山店長の整理券番号も、197だったし。ねえ、奈々ちゃん」

「そう、200完売！　奈々のポスターのデザインの斬新さが生んだ結果なのだ」

奈々は自分のスティックを取り出しながら、そう言ってポーズをとった。

青沢は背筋を伸ばして険しい顔をした。

「え？　200完売ってことは200人来るの？　しまった、それは重要な情報だったな。じゃあ、そもそも、全然足りないじゃないか。でも、じゃあ奈々ちゃん、どうして100

名の会場を取ったの？」

奈々は振り回していたスティックを落とした。

「え？　……ああっ、本当だ。奈々どうして100だと思ったんだろう……うう」

野木がすごんだ。

「おめえ、まさか……またか」

「うう。これって、奈々。またやっちゃった……わ、わーんっ。どうしよう、リーダー、大変ですっ。トラブル発生ですぅ」

青沢は力が抜けたようにため息をついた。

「え、ということは勘違いってこと……？　奈々ちゃん」

「ふ、ふえーん、会場の人にどのホールにしますかって聞かれたから、一番大きいのって言ったのに」

「収容人数の確認はしなかったんだね」

「ふえ、ごめんなさい、奈々、また確認、確認……もれ」

野木がステックを拾って、奈々に向けた。

「おいっ、今度こそどうするんだよ。金がなんとかなりそうなのに、次は100人分の席しかないなんてよう。みんな三角座りかよう。そんなのださすぎだろ、どうするよ」

「ふえっ、奈々どうして人数を確認しなかったのか……奈々ピンチ……そうだっ」

奈々は突然ひらめいたように、野木の持っているスティックを取り返した。

「いっそのこと、イスをなくしてオールスタンディングに変更！　みんなで飛び跳ねよう！　奈々、会心のナイスアイデアっ」

野木は顔をゆがめた。

「はあ？　なんだって？　最初からイスがないなんて、そんなこと……」

青沢が落ち着いた声で言った。

「そうか、それなら200人、入るかも……ここの会場はこれが最大なんだね。じゃあ、その線で調整するか。奈々ちゃん、すごい奇想天外……いや、**枠組みを超えたアイデアは素晴らしいよ。それをインバスケット思考では創造力というんだよ**」

「え……奈々、枠はずれ……」

奈々はまたほめられていることに気づかず暗い声で答えたので、青沢は励ますように奈々の肩をたたき、

「ははは……枠からはずれるというのは悪い意味じゃないよ。今回は〝イスに着席する前提でセッティングする〟という枠を、知らず知らずに僕らみんな持ってたんだけど、それをゼロベースで考えることができるのは素晴らしい能力なんだ」

「そうかあ、奈々、素晴らしいんだあ。奈々、枠はずれ。いえーい」

しかし、あゆみは心配そうに言った。

「でも、ディナーはどうしますか。ひとりひとりに配るお弁当スタイルだし……」

青沢の表情にも陰りが出た。

「そうだね。お弁当を立ちながら食べるって難しいね。うん、奈々ちゃん、ケータリングサービスの会社から、電話があったんだっけ？」

奈々はスティックをくるくる回しながら、

「あったよっ。イカフライがエビフライに格上げ決定って。うん、奈々確認……お、おわっ」

突然奈々がおかしな声をあげた。

「な、なんだあ。また何かあったのか。まさか、エビフライだけでライスがないなんてことじゃないだろうな」

「奈々、一難去ってまた一難……お弁当、２００いるのに、１００しか頼んでない」

「ええっ」３人ともほぼ同時に声をあげた。

一瞬静まりかえったのち、青沢が気を取り直して口を開いた。

「今すぐ連絡してなんとかしよう……間に合わなければ他のケータリングサービスを手配

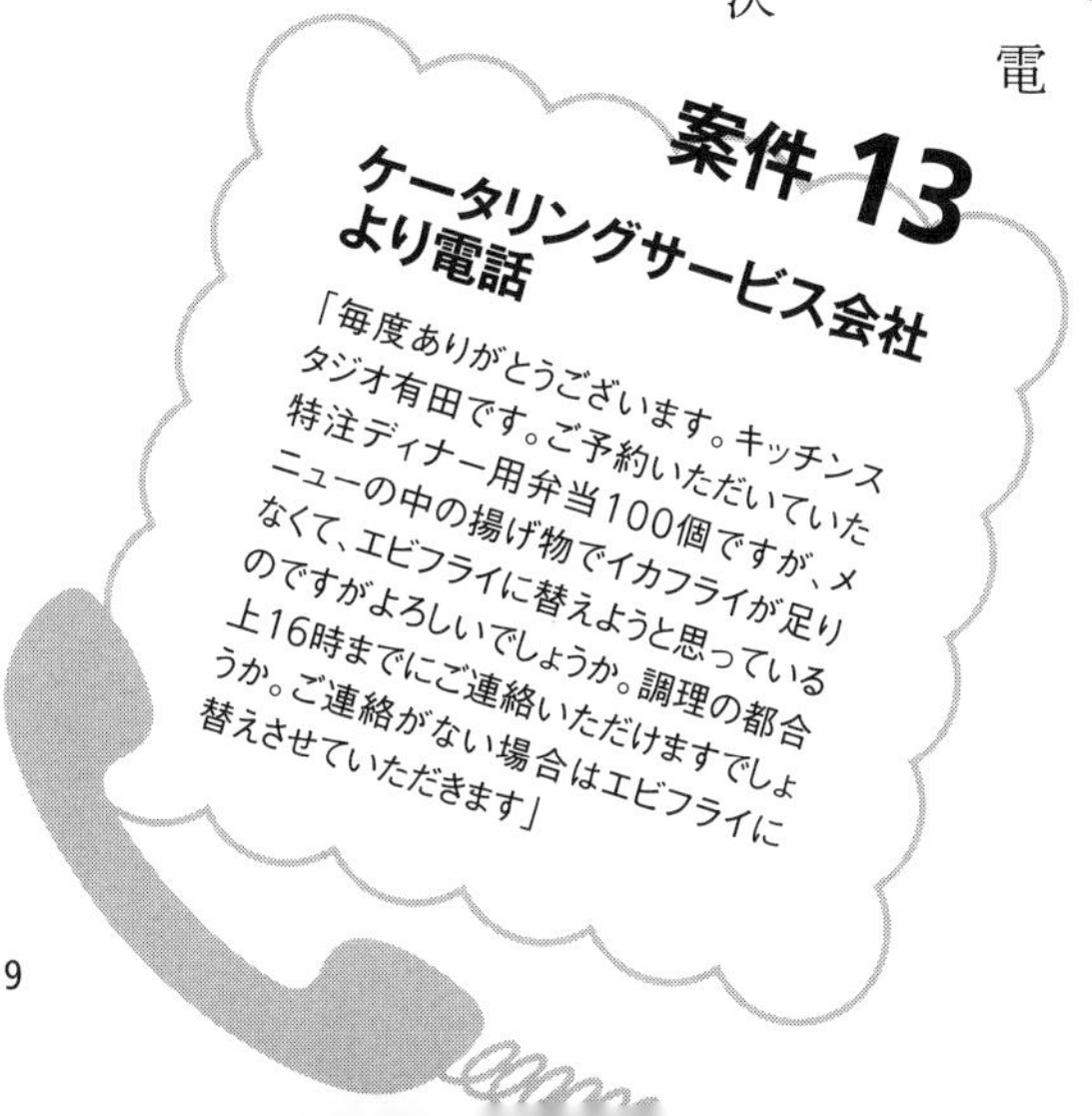
案件13
ケータリングサービス会社より電話
「毎度ありがとうございます。キッチンスタジオ有田です。ご予約いただいていた特注ディナー用弁当100個ですが、メニューの中の揚げ物でイカフライが足りなくて、エビフライに替えようと思っているのですがよろしいでしょうか。調理の都合上16時までにご連絡いただけますでしょうか。ご連絡がない場合はエビフライに替えさせていただきます」

する手立てを考えよう……」

　奈々は泣きそうな声になった。

「ダメダメ、他のところはこんな直前につかまらないし、お金払うのもあとじゃダメなはず……。どうしよう、1人分のお弁当を2人で分けあわないと……お箸も分けあうから、一本じゃ食べられない……」

　野木が座りながら奈々を指差した。

「おめえ、箸がどうとかいう問題じゃないだろっ。一体どうする気だよ」

　奈々は唇を噛みながら腕を組んで考えている。そしてぱっと明るい顔をした。

「そうだっ、立食パーティにしたらいいんだ。奈々、枠はずれ。立食、立食♪」

　青沢もうなずきながら、

「そうか、オードブルみたいにしたら対応できるかもね。よし、ケータリングサービスの会社に電話して頼んでみよう。でも、奈々ちゃん、よくお弁当の数に気づいたね。これは洞察力だね。1つの案件では問題にならなくても、全体の流れから問題になることがあるんだ。だから、前提条件や、他の情報と組み合わせて問題解決するのもインバスケット思考の重要なポイントなんだ」

　青沢はみんなにそう語ったが、一番聞いてほしい奈々はすでにケータリングサービス会社に電話をしていた。

優先順位

4 セッティングはまかせた

青沢は頭をかいた。

「まいったな、今度はマイクと配線か」

野木はさらに大きな声で言った。

「まずいぜ。そろそろリハーサルしとかねえと、と思って確認したら、これだよ。オレが気づかなければ、最悪、本番が始まってから発覚するところだったぜ。たまたま、オレが見に行って発見したからよかったけどよ。ところでどうする？　リハどころじゃねえな」

奈々がスティックを持って立ち上がり、

「よし、奈々が急行します！　それいけ奈々。

案件 12

メンバーの野木より

おいおい、今ステージ見に行ったけど、司会用のワイヤレスマイク、壊れてるぜ。

あとアンプの電源が遠くて配線がうまくできそうにない。延長コードが必要だぜ。

どうするよ。

関連案件

12

おーっ」

走って部屋の出口に向かおうとした。

青沢があわてて声をかけた。

「えっと、奈々ちゃん。機械は苦手だったんじゃ？」

奈々は振り返りピースサインを送ったが、あゆみも心配そうに声をかけた。

「奈々ちゃん……」

野木は扉の前に立ちはだかった。

「おいおい、やめとけ。おまえが行くと、ろくなことがねえ。リーダー、どうするよ」

青沢は腕組みをした。

「まず、会場側にかわりのワイヤレスマイクと延長コードがないか確認することだな」

「おっ、オレと同じ考えじゃねーか。そうなんだよ、そもそもそれは会場の責任だもんな。あいつらがすべて悪いんだから、あいつらに全部まかせればいいや」

野木は青沢を指差しながらそう言って再び席に着いた。

青沢はその様子を見て、逆に席を立った。

「いや、すべて会場の責任として押しつけるのはどうかな。今回のコンサートはオレたちのコンサートだろ。コンサートに支障があったら困るのはオレたちじゃないか。だから他人にまかせるばかりじゃなく、オレたちが解決するべきだろ」

野木も立ち上がって反論した。

「おい、でもよ、会場の設備はあいつらの責任範囲だろ、もし何かあったら責任をとらせりゃいいじゃねえか。何もオレたちがそこまでしなくても……」

「野木、**インバスケット思考ではこれを当事者意識というんだ。**つまり、**この問題は自分たちが解決しなければならないものだととらえることが大事なんだ。**そのうえで、会場側に依頼したり、それがダメなときの解決策も自分たちで考えなければならない」

「ダメなときの解決策だって？」

「ああ、イスの件でもそうだけど、もしこの問題の解決を彼らに頼んでも、解決できない可能性があるだろう。だから、その場合の対策も考えなければならない」

「お、おう、そしたら鬼塚に頼んだらどうだ。あいつは電気配線職人だから得意だぜ。変にオレたち素人がやるより、もちはもち屋って言うじゃねーか」

それを聞いた奈々も飛びあがって喜んだ。

「おおっ、野木っち。本日初のポイントでーす。やるときはやるじゃん。奈々見直した」

体をくねらせて奈々は野木を指差した。

青沢も続けた。

「そうだね、その案件処理に一番誰が適しているか、つまり、個人の特性を見抜いてその解決に適した人を選び出すことを、適任者決定というんだ」

「なんだよ、結局人にまかせるんじゃねーかよ。当事者意識とかなんとか言ってよ」

「ちがう、先ほどの当事者意識のところで誤解しやすいことなんだけど、なんでも自分が実際の解決にあたる、というのは当事者意識ではないんだよ」

「奈々そういえば、なんでも自分が動く……奈々、当事者意識ない」

「奈々ちゃん、それもちがう。奈々ちゃんに当事者意識はあるよ。ただ、人や組織を使うことに慣れていないだけなんだ。**リーダーは、まず自分がしなければならないことは何かを考えなければならない。そして実際に行動する際も、この行動は本当に自分がしなければならないのか、ということをつねに判断しなければならないんだよ**」

「奈々は何をすればいいか……奈々、のどが渇いた」

「ははは、リーダーの手は2本だけじゃない。部下の数だけ手があるんだよ。だから、すべての手を使って成果を生み出すことが大事だ。それをインバスケット思考では組織活用力と言うんだ」

奈々は腕組みをしながら右手をあごにあて、

「奈々、レベルアップした。よし、野木っち、のどが渇いた。お茶を入れよ！　それっ」

急に指示された野木はあわてふためいている。

そこに鬼塚が入ってきた。

「おう、何か呼んだか。イスならもうごめんだぜ」

「鬼塚っ、おう、実はよう、ワイヤレスのマイクがつぶれるわ、延長コードが足りないわ……超最悪な状態なんだぜ、なあ、リーダー」

「ああ、鬼塚……頼めないか。セッティング」

鬼塚はよれよれの煙草に火をつけて、煙を目を細めて避けた。

「ああ、いいぜ。どうすりゃいいんだ？　言われた通りにするぜ」

「鬼塚だったらどうする？」

「そうだな。マイクは一度見てみねえとダメだな。でも、会場に有線のマイクくらいあるだろうよ。延長コードは舞台から少しバックして、立ち位置を変えればいいんじゃねえか。あとはあるものでなんとかするしかねえな」

「わかった。舞台はおまえにまかせる。立ち位置もまかせる。そのかわり、今言ったこと以外の障害が発生したら教えてくれないか」

「おう、いいぜ。ただし、何かもめ事が起きてもオレは知らねーぜ」

「わかった。すべての責任は僕がとるから、なんとかしてくれ」

鬼塚はにやりと笑い、奈々が差し出した灰皿で煙草を消して腕まくりすると、アクセサリーをジャラジャラさせながら舞台に向かった。

野木がその様子を見送ったあとに、

「おいおい、大丈夫か。鈴木が文句言うんじゃねーか？　それに、鬼塚のやつ、なんか無茶しそうな気が……オレたちも行ったほうがいいんじゃねえか？」

青沢は野木にせかされたが、動こうとはしなかった。

「**まかせた以上は、手を出さない。見守って、何か障害があれば助言やサポートをするのが正しいまかせ方だ**」

「しかし……」

「まかせたものは、進捗確認と報告を受けるのを待つんだよ」

「でも、失敗したらどうするんだよ。鬼塚は知らねーって言ってたぜ」

青沢は両手を天に突きあげるように伸ばしながら言った。

「責任を取るのはリーダーの一番の仕事だよ」

優先順位

5
開演時間を遅らせる？

関連案件

17	2

野木は悪態をついた。

「ったく、だから言ったんだよ。押谷は本番でも遅れるってな。おいおい、どうするんだよ。せっかく会場が借りられるようになったと思えば次はこれかっ。まいったぜ」

奈々は何かを決心したように大声をあげた。

「わかった。奈々が急いで迎えに行く。奈々、発進っ」

奈々は立ち上がり、自転車のキーを持った。

すかさず野木が、奈々の行く手をはばんだ。

案件2
メンバーの押谷からのメール

10月15日　15:00

わるい。寝坊した。

昨日、ちょっと飲みすぎちゃってさ。

今から電車乗る。

16:15くらいに着く。

開演を遅らせるか、何とか間をもたせてくれ。

「待て待てっ。おまえが行くと余計ややこしくなるじゃねーかっ」

「押谷か……相変わらずだな……」

青沢がつぶやくと、あゆみが心配そうに眉根を寄せた。

「あ、あの……このままじゃ……」

「そうだね。メンバーがそろわないと開演できないしな……押谷には可能な限り早く来させるとして、なんとか間をもたせる方法を考えたほうがいいな」

青沢が静かな声でそう告げると、野木がイスを後ろにはじくように立ち上がった。

「どうしてだよっ、押谷が遅れないように来れば済む話じゃねーか。おいおい、どうしてそこまで考えなきゃならねーんだよ」

うわずった声の野木を見上げながら、青沢はあくまで落ち着いていた。

「野木、たしかにこれは押谷のミスだけど、だからと言って他人事のようにとらえるのはどうだろうか。**チームの障害ととらえることはできないか。そうとらえて主体的に判断をすることをインバスケット思考では当事者意識というんだ**」

「またか、当事者意識……そうか、他人事……そう、そうだな、これはオレたちの問題だよな。でもよう、そんなに深く考えなくてもよう、あいつ、間に合うかもしれねーぜ。以前も、遅れるとか言って時間ぎりぎりに来たしよう」

「たしかに時間に間に合えばいいけど、遅れたときのことも考えておくべきだよ。つまり、

立てた対策がうまく行かないときの行動を、先を読んで考えておく。これはインバスケット思考では対策立案力でいうリカバリー策だよ」

「奈々、知ってます、バーバリー。奈々大好き、バーバリー。夢のバーバリー♪」

奈々はくるくるその場で回った。あゆみが訂正した。

「奈々ちゃん、ちがうよ。バーバリーじゃなくて、リカバリーだよ」

「はは……リカバリーとははじめに立てた対策がダメなときにもう1つ対策を立てることだよ」

青沢は奈々にやさしく教えた。

「なーんだ、バーバリーじゃなかったのか。奈々ショック。でも、奈々、押谷っちが来るまで、何か劇をしますっ。題名『奈々と野木っちの行く末』。ほら、野木っち立って」

そういって奈々は野木の手を引っ張った。

「おいおいっ、冗談じゃねーよ。おまえなんかと行きたくねーよっ、お先真っ暗じゃねーかよ」

青沢は無理に笑いを作るように、

「ははは……それはいいね。それは創造力が発揮されているね。ただ、対策を作るときには必ず対案を出すべきだよ」

あゆみが少し身を乗り出した。

「対案……ですか」

「ああ、つまり、A案が寸劇『奈々と野木のなれの果て』だとすると、必ずもう1つ案を考えてB案を出す必要があるんだ」

奈々が手をあげ、そのあと笛を吹くまねをして言った。

「はーい、ぴっぴっぴー。リーダー、『なれの果て』じゃないです、『行く末』ですよー。奈々は野木っちとなれの果てするのは……ちょっとパスでーす」

「おいっ、それはこっちのセリフだぜ。なんでおまえとなれの果てなんだよ」

青沢は2人の会話をスルーして続けた。

「**対案を出すことによって、対策を比較して、より良い対策を作り出すことができるし、1つの対策だとメリットとデメリットが検討できないからね。これは対策立案力だね**」

あゆみは真剣な口調で言った。

「……対策は2つ出すものなんですね……」

「うん。対策は、対なる策という文字からできてるって考えるといいよ。どんなときも、1つの策ではなく、2つの策を比較するだけで、判断の精度がかなりよくなるよ……とは言うものの、今回は難題だね。どうするか。開演時間を遅らせるか……」

「あ、あの……実は私の友人がDVDを持ってきてくれているみたいなんです」

「DVD？　ああ、さっきメールを見せてくれた友だちだよね……たしか、オレたちのバ

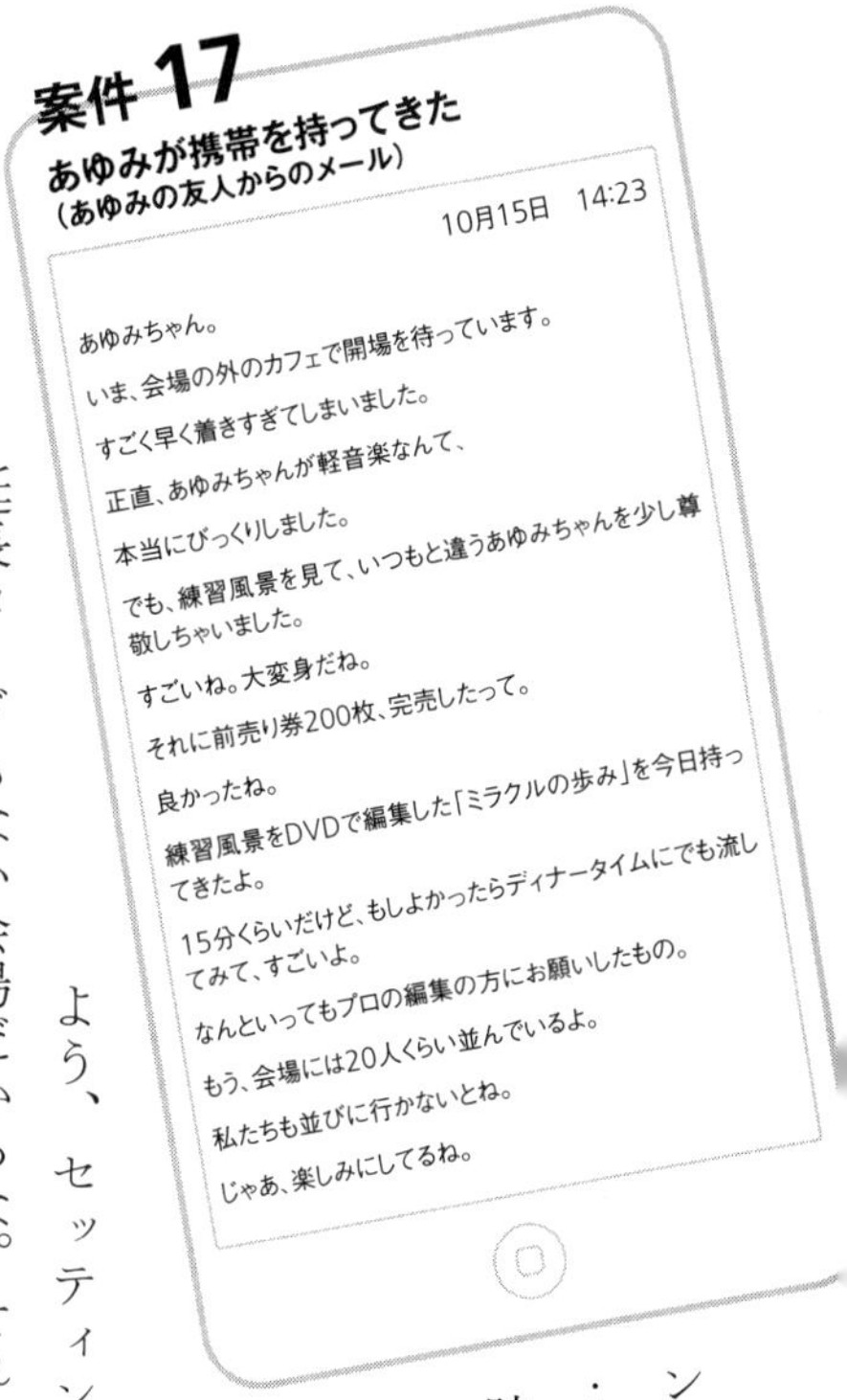
案件17
あゆみが携帯を持ってきた
（あゆみの友人からのメール）
10月15日 14:23
あゆみちゃん。
いま、会場の外のカフェで開場を待っています。
すごく早く着きすぎてしまいました。
正直、あゆみちゃんが軽音楽なんて、
本当にびっくりしました。
でも、練習風景を見て、いつもと違うあゆみちゃんを少し尊敬しちゃいました。
すごいね。大変身だね。
それに前売り券200枚、完売したって。
良かったね。
練習風景をDVDで編集した「ミラクルの歩み」を今日持ってきたよ。
15分くらいだけど、もしよかったらディナータイムにでも流してみて、すごいよ。
なんといってもプロの編集の方にお願いしたもの。
もう、会場には20人くらい並んでいるよ。
私たちも並びに行かないとね。
じゃあ、楽しみにしてるね。

ンドの「歩み」をつくってくれたんだよね。……うん、そうか、15分くらいってことは時間もバッチリだ」

「使えそうですか？」

あゆみの表情が明るくなったところで、

野木が指をさしながら言った。

「おいおいっ、そんな急にDVDなんてよう、セッティングできるかどうかわかんないぜ。なんせ延長コードもない会場だからな。それに、どんな内容かもわからねーし、危なくないか」

奈々が目をぎらぎらさせながら

「はーい、私もDVD知ってまーす。野木っちがこの前、こそっと持っていたDVD……えっとタイトルは……愛の、ぶぐっ」

野木はあわてて奈々の口をふさいだ。

「て、てめー、言うとぶっ殺すぞ。あれはオレのパワーの源なんだよ……しかし、いつの間に」

青沢は野木を奈々から引き離し、座らせた。

「まあまあ、使えるかどうかわからないけど、**試しもせずにアイデアを打ち消していると問題は解決しないよ。できる・できないの枠をはずれて新しい発想を出す。これもインバスケット思考では創造力と言うんだよ。それと、洞察力も発揮されてるね。**すごいね、あゆみちゃん。よく別の案件同士をつなげて考えられたね」

「いえ……じゃあ私、友だちにそのＤＶＤもらってきます」

「うん、頼むね」

あゆみははじかれるように外に飛び出した。

優先順位

6 和を乱すメンバー

関連案件

14	10

野木がうろうろしながら大声をあげた。

「おいどうする、また鈴木の僕ちゃん病が出てきたぜ。放っておくか」

そういって青沢の肩に手をかけた。

奈々が直立不動で言った。

「もうっ、鈴木っちはわがままなんだから。温度が低いのも、鈴木っちが冷え性の癖に、やたら肌を露出するカッコをしてるからでしょ。よしっ、奈々の牛さんパーカーを着せてくる。鈴木っちー」

「おめーっ、あの鈴木がそんな牛の皮みたい

案件10

メンバーの鈴木より

悪いけど、空調の温度28度くらいに設定上げてもらえない？
僕、冷え性でさあ。
今日の衣装も寒い格好だしさあ。
今の温度24度だと、
冷えて肩がこっちゃうんだよね。
僕、このままだと演奏できないよ。

なのを着ると思うか。それより放っておこうぜ。このクソ忙しいときに付き合ってらんねえよ」

野木が投げやりに言うと、DVDを受け取って帰ってきたばかりのあゆみが心配そうに言った。

「あの……鈴木さん……本当に本番でわざとミスしたりしませんか」

青沢はプログラム進行表を見ながら言った。

「どうしてそう思うの?」

「いえ、私の杞憂だとは思うんですが……以前も練習のときにわざと間違えたことが……」

あゆみは次第にうつむいた。

野木も話に入ってきた。

「おいおい、そんなことされたら、オレたちの練習の成果が台無しじゃねーか。っつーことは、今回は鬼塚に涙をのんでもらうか。なあ」

するとき野木の前にスティックを持った奈々が回り込み、野木の至近距離で言った。

案件14

メンバーの鈴木より

あのさあ、今回のギャラ、全員一緒って、ありえないよね。
みんなは遊びかもしれないけど、僕は一流のプロ目指しているんだよね。
このバンドでは、まあ僕がスターじゃない。
なのに、メインの曲、どうして鬼塚がソロやるわけ?
僕のソロじゃないとおかしいよ。
みんな、勘違いしているよ。
このバンドは僕がいるから客が来るんだよ。
もしソロができないなら、僕、途中で演奏失敗しそうだな。
僕本気なんだけど。
それと、ポジションも一番前に勝手にさせてもらうからね、文句ないよね。
文句あるなら僕帰るよ。

「そんなことは、この奈々が許しません。だって、鬼っち、あのソロのためにどれだけ練習してきたことか。奈々は見た。鬼っちがこの曲のために鬼になっているのを」

そういって野木の鼻をつまんだ。

「お、おめー、誰のまねだよ。やめろ」

「奈々が許しませんっ」

野木は奈々の手を振り払って、後ろに飛びのいた。

「いってーっ、何すんだよ。それに、このままじゃ鈴木がいなくなっちまうぜ。あいつがいないと悔しいけど、オレたちはただの雑魚《ざこ》バンドだぜ」

青沢は組んだ足を抱えるようにしながら言った。

「僕が話すよ。鈴木と」

「へ、リーダー、鬼塚に頭下げて頼むんじゃねーのか」

「今さら、プログラムは変えられない。それに、温度設定もあくまで観客に合わせるのが筋だろ。**ひとりだけがよくてもダメなんだ。全体がよくなければね。これをインバスケット思考では全体最適と呼ぶんだ**」

「でもよー、世の中、きれいごとじゃうまくいかねーぜ。鈴木の機嫌を直してもらって、なんとか切り抜けようぜ」

青沢は無言で立ち上がり、楽屋を出た。

舞台上では今まさに、鬼塚が鈴木の胸ぐらをつかんでいた。

「てめえっ、わざとアンプの設定を変えやがったな、どういうつもりだ。おいっ」

鈴木は鬼塚と視線を合わせずに、笑いながら言った。

「そこは僕の場所。そんなところに置かれると邪魔だからどかしただけだよ」

「なにをっ。この場所はオレの場所じゃねーか。何を今さら、頭どうかしてんのか」

鈴木は鬼塚の手を引き離し、その反動で数歩下がって言った。

「僕はね、プロだよ。この照明だと、観客には僕の横顔がうまく映らないんだよ。だから脇役には脇に行ってもらう、あたりまえじゃないか」

「わ、脇役だとっ。おめえっ、なに様のつもりだっ」

「僕はきちんとリーダーにも話を通しているよ、あ、リーダーいいところに来たね。きちんと説明してあげてよ……ん？　どうしたの？」

舞台そでから舞台の中央に青沢は進み、鈴木の前に立った。

「鈴木、もとの位置に戻れ。それにソロも変えない。温度設定も観客に合わせる」

鈴木は笑顔を消し固まった。

「は。はは……何言ってるんだよ。そんなこと言ったら、僕、帰っちゃうよ。コンサートできないよ」

そう言って足を組み、自分のギターを抱え座った。

「オレは今日のコンサートを成功させたい。みんなの力でだ。もちろん鈴木の力も必要だが、もし、チーム全体に支障となる行動をとるなら、君には演奏させることはできない」

鈴木は目を吊り上げた。

「はあ？　僕がいなくても大丈夫なの？　あ、そう、じゃあ、僕は帰るわ。僕は君たちに頼まれて一緒にやってたんだ。はあ、なにそれ、意味わかんない」

そう言って、席を立った。

「残念だが、仕方がない。チームは部分がよくてもダメなんだ。全体がよくなければ意味がないんだ」

「だって、僕がいないと客が来ないよ。それに、ソロの部分はどうするんだよ。あそこは僕にしか演奏できないぜ。強がり言って、後悔すればいいさ」

鬼塚が一歩前に出て言った。

「おめえのかわりにオレがやる。そうだよな。こいつの実力は認めるけど、これじゃ、オレたちのコンサートじゃなくなるからな。これはミラクルのコンサートだ、おめえひとりのリサイタルじゃねーんだよ」

鈴木はしばらく立ちすくんでいたが、決心したようにギターをバッグにしまいだした。

青沢はその様子を止めることなく鈴木の背中に語るようにつぶやいた。

「鈴木、覚えてるか。このミラクルはオレとおまえ2人で、駅前で始めたバンドだよな」

鈴木は何も言わず片づけをしている。

青沢は続けた。

「で、客がつきはじめたころに、駅前を追い出されて、商店街のシャッターの閉まった店の前……あれ、なんの店だったかな」

鈴木は片づけを続けながら、

「八百屋」

と背中でつぶやいた。


「そう、八百屋だった。その前で地元の女子高生を前に歌ったよな。最初のギャラは百円玉5枚。それを2人で分けて、駅前の立ち食いそば食ったよな」

鈴木はバッグの留め金を締めた。

「ある雑誌でオレたちが取り上げられて、そこからおまえ、変わったよな」

「……僕が変わったんじゃない、君が変わったんだ」

鈴木はバッグを手に、立ち上がった。青沢は眉をひそめ聞き返した。

「オレが……変わったって」

青沢が言うと、鈴木は青沢の横を通り過ぎざまに、

「僕たちは2人でプロになるって言ったじゃん。でも、君はいつしかプロの道をあきらめた。だって、楽しく演奏するのと、この道で食っていくのはちがうじゃないか」

「いや、オレは……」

「この世界は、プロになりたいと言ってなれる世界じゃない。必死に、必死にがんばってもプロにはなれない。いや、なったとしても、プロであり続けることのほうが、その100倍も難しいんだよ」

「……」

鈴木はバッグを肩に背負い直し、

「僕は君らとちがう。プロになる全体の0・01％の人間になる。そして、今まで僕の音楽をバカにしてきたやつに、お願いします、演奏してください、と言わせるんだよ」

鬼塚は立ち上がり、青沢の背後から近づくと静かに言った。

「リーダー、もういいじゃねーか。こいつとオレたちはもともとちがう道を歩いているんだよ。もう同じ道は歩けねえってことだ」

鈴木は静かに舞台そでから消えた。青沢は1人のメンバーをなくしたよりも、もっともっと大切なものをなくしたかのように、鈴木が消えたあともしばらく何も言わずに立ち尽くしていた。

「おいっ、リーダーっ、どうだった。鈴木を説得できたか？」

青沢が楽屋に戻ると、野木は髪の毛を手でセットしながら、青沢に近づいた。

青沢は、手で×を作りながら、

「ダメだった。今回は鈴木抜きでやるぞ」

と語気を強めて言った。

「な、な、なんだってえ、どうするんだよ。鈴木なしって、じゃあ誰が『メンタルなあっかんべえ』のソロを弾くんだよ」

「鬼塚がやる」

青沢はイスに腰をおろして告げた。

奈々もあゆみも心配そうに青沢を見ている。野木は青沢のそばまで来て、青沢の顔をのぞき込んだ。

「やべーよ、どうしてうまく言わなかったんだよ。鈴木はまだ近くにいるんじゃねえか。なあ、連れ戻そうぜ。なあ」

青沢はうつむき加減に首を横に振った。

「いかに有能なメンバーでも、チームを危機にさらすようなメンバーは、正さなければならない。チームは個人の力の結集ではなく、チーム力なんだ」

「ち、チーム力って言ってもよう。事実、鈴木でうちのバンドはもってきたんじゃないか。それを今さら。なあ、おまえらもそう思わないか」

「実力を持っていて、かつ、有能でも、チームを危機に陥れるような行動をとっていれば、毅然と指導するのがリーダーの仕事だ。もしそれが受け入れられないんだったら、排除する決断も必要だ」

青沢はそう言い切った。

奈々はスティックを頭にあてて考えている。

あゆみは立ち上がって言った。

「あの……私は、リーダーの判断、間違ってないと思います」

「な、何言っちゃってんの、あゆみちゃん。鈴木が抜けたら完璧パワーダウンじゃん。柴田、なんとか言ってやれよ」

野木が奈々に視線をやった。奈々はスティックをわきにはさみ、何かポーズを決めている。

野木が奈々の反応を待っていると、青沢は近づき野木の肩をたたいた。

「鈴木がいなくても僕たちはやっていける。たしかに、短期的にはパワーは落ちるだろう。でもな、必ず長期的にはチームのためになる。僕はそう思ったんだ」

「でもよ……」

「いつまでも鈴木に頼るわけにはいかないよ。あいつに頼っていると僕たちはずっと伸びない。僕たちはこのコンサートだけ成功すればいいんじゃないだろ。いつまでも力を伸ばし続けないとならない、これが戦略思考だ」

野木は声を押し殺した。

そして、青沢は野木の前にまわって譜面を渡した。

「これ、サプライズで鈴木のソロだったんだけど……歌うやつがいないんだ」

「だ、だから言ったじゃねーか。え？　……おい、まさかこれ……」

青沢はやさしく微笑みながら、片目をつぶって言った。

「うん、おまえがやるんだよ。よろしくな」

「うへっ、お、おい、オレ、ボーカルじゃねえぞ。こんなの……マジかよ」

「押谷に、と言いたいところだが、声域がちがう。以前、野木もこの曲歌ったことあっただろ。頼むな」

野木は決意したように、大きくうなずいた。

「ダイジョーブっ、野木っち。奈々がついているぞ。おーっ」

奈々はスティックを振り回しながらパイプいすをドラム代わりにたたきだした。

優先順位

7 どう責任をとる？

関連案件
6

突然、楽屋のドアを蹴破るように男が入ってきた。鬼塚だった。

顔の輪郭が髪の毛で覆われているため、表情は読み取れない。ドクロにシルバーのアクセサリーがたくさんついたブーツで、近くに置いてあったパイプいすを蹴った。怒っているのは明らかだった。

「柴田っ、おまえ、どう責任取るんだ。はっきりしろ」

蹴られたパイプいすが衝撃で畳まれた形になって、奈々の足元に届いた。

案件6
メンバーの鬼塚が大声で怒鳴った

もうやってらんねえ。

そもそもどうしてこんなことになったんだ。

オレたちは何も悪くないのにどうしてこんな目に遭うんだよ。

すべて柴田の責任だろ。おまえがきちんとしてないからこんなことになったんじゃねえかあ!

どう責任取るつもりだよ。

やってらんねえよ。

「ひっ……奈々は……奈々は……」

奈々は後ずさりしながら、涙目になって顔を横に振っている。

あゆみも恐怖で凍りつき涙をこらえている。しかし、声が出ない。


青沢はゆっくりと立ち上がり、奈々のもとに滑ってきたパイプいすを持ち上げ、また立体に戻した。一呼吸を置いてから鬼塚をパイプいすに座らせるように、組み立てたイスを足元に置いて言った。

「鬼塚、おまえが言っていることはわかる。僕が入院していたせいもあるし、不在にしていた僕の責任でもある。でも、ここでそんなことを言って、何が変わるんだ。今は僕たちのライブを成功させるためにどうするかを考えるのが先じゃないか」

「なんだと、おまえ、リーダーづらしやがって。おめえはいなかったからわかんねーだろうが、オレたちはな、いろんなものを犠牲にしながら命を懸けて今までやってきたんだ。それを、こいつはぶち壊そうとしているんだぜ。これで黙っていろっていうのは筋が通らねえぞ」

鬼塚は銀色のライターをジーンズのポケットから出して、煙草を探しながら言った。

「たしかに筋は通らないかもしれないが、今までの準備をすべて奈々にまかせっきりにしたおまえらに落ち度はなかったのか？　え？　どうなんだ」

青沢は語気鋭く迫った。

鬼塚は表情を変えず、黙ってくしゃくしゃになった赤い煙草の箱を広げ、しわの入った煙草をくわえて低い声でうなるように言った。

「すると、オレたちの責任だって言いたいのか、てめえは。オレたちは何も悪くねえだろ。すべて柴田の段取りの責任じゃねえか」

青沢は音が鳴るような強さで机に手を置いた。

「わかった、じゃあ、今回のコンサート開催は見送ろう。せっかく、会場の段取りもできて、多くの観客が並んでいるのに残念だけど、仲間内でこんなにもめていたらいい音楽を伝えることはできないからな。鬼塚、悪いが、並んでくれてるお客さんたちに中止を伝えてくれるか」

鬼塚はくわえた煙草に火をつけるのをやめた。

「なんだと、そんなこと、オレたちの音楽を聴きに来た客に説明できるかよ、まったく筋が通らねえじゃねーか。そんなこと承知しねえぞ」

「じゃあ、どうしたら客に対して筋が通るんだと思う？」

青沢が質問を投げかけると、鬼塚はくわえたよれよれの煙草を勢いよく口からはずし、

「オレたちの音楽を聴きに来ているやつらの心に音楽を響かせるのが、オレたちのやるべきことだろうが」

と言った。青沢はうなずきながら、

「じゃあ、ここで柴田を責めて、仲間の結束を崩そうとするのは筋が通るのか」

と諭すように言った。

野木は鬼塚が黙っているのを横で見ながら、

「そうだよな、仲間の結束が大事だ。それがねーとオレたちの音楽は伝わらねーよ、おい、どう思うよ」

と誰に意見を求めるわけでもなく、言った。

鬼塚は指にはさんだ煙草の先を見ながら静かにつぶやいた。

「おい、青沢。オレたちは本当にここで音楽できるんだろうな」

そういうとまたよれよれの煙草をくわえた。

青沢はゆっくりとうなずき、自分のライターで鬼塚の煙草に火をつけた。

鬼塚は一息煙を吸い込み、鼻からゆっくりと吐き出して少し照れ笑いをしながら言った。

「さっきよ、この会場のスタッフっぽいやつがよ、なれなれしく、暇ならイスを組み立てるのを手伝ってくださいなんてよ、言いやがるからよ。ついカッときちまってよ……」

奈々がそれを聞いて立ち上がった。

「鬼っち、この部屋禁煙ですっ、煙草没収ーっ」

そう言って鬼塚の前に灰皿を差し出した。鬼塚はキッと奈々をにらんだが、にやっと笑って奈々の差し出した灰皿で煙草を消した。

「じゃあ、行くか!!」

鬼塚がくるりと方向を変えようとしたときに、青沢はもうひと声かけた。

「開演10分前に最終確認するから、よろしくな。鬼塚」

鬼塚は再びにやっと笑って背中を向け、ジャラジャラと音を立てながら楽屋をあとにした。

野木は鬼塚が部屋を出たのを見届けてから青沢に声をかけた。

「おいおい、打ち合わせなんて今までやってきたじゃねーか、何を今さら、そんな時間もねーだろ」

「いや、チームの方向や価値観を共有するためには、必ず共通のコミュニケーションと方向のすり合わせが必要だ。多くのチームの失敗はコミュニケーションの不備によるものだからな。これに時間を惜しんではいけない」

あゆみは感心した様子で青沢に聞いた。

「あの……どうすれば、そんなふうにメンバーの不満を消せるんですか？」

青沢は笑いながら言った。

「不満が消えるとは思わないけど、**別の目標に目を向けさせたり、本当にやるべきことに**

気づかせると、不満が不満じゃなくなるんだよ。たとえば、ある部署や個人に不利益になることも、組織や国、社会などと大きなくくりに利益になることを気づかせると、対立しあっているメンバー同士も同じ目標であることに気づくことがあるんだ。これをインバスケット思考では調整能力というんだよ」

野木が話に入ってきた。

「おい、オレはそうじゃないと思うぜ。どうしてもお互いの譲れないところがあるやつらもいるぜ。たとえば鈴木なんか、あいつは自分のことしか考えてねーぞ。鬼塚とよくソロの取り合いやっているじゃねーか。そんな場合はどうするんだよ」

青沢はゆっくりうなずきながら言った。

「状況によって調整の方法は変わるよ。ときにはお互いに妥協をさせたり、競争させたりすることもある。だから、調整というのは現状を分析しつつ方法を選ぶ必要があるんだ」

奈々が笑い出した。

「奈々はみんなを盛り上げて調整します。さあ、どっと盛り上がろう……」

青沢は苦笑いしながら、言った。

「奈々ちゃんには特別な調整が必要だね……ははは」

優先順位

8
今すぐ会いに行きたい

関連案件

11

奈々は携帯を持っている手を震わせながら、

「どうしよう、おばあちゃんが……おばあちゃんが……」

とうろたえている。

野木が声をかけた。

「おいおい、まさか今から九州に行くつもりじゃねーだろーな。大丈夫って書いてあるじゃねーか。しっかりしろよ。もうすぐ本番だぜ」

奈々はまったく耳に入っていない様子で、入り口とはちがう方向に

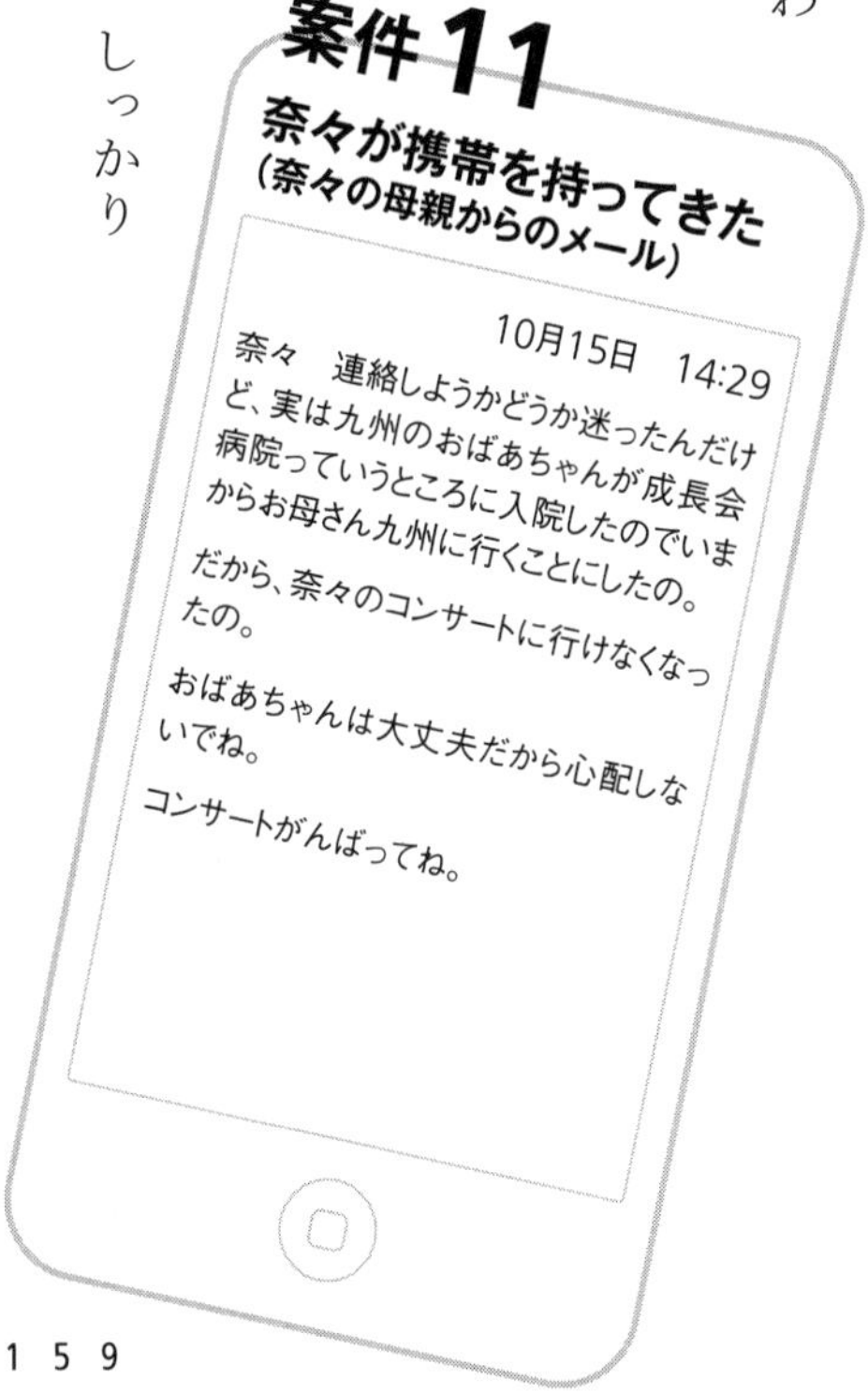
案件11
奈々が携帯を持ってきた
(奈々の母親からのメール)
10月15日　14:29
奈々　連絡しようかどうか迷ったんだけど、実は九州のおばあちゃんが成長会病院っていうところに入院したのでいまからお母さん九州に行くことにしたの。
だから、奈々のコンサートに行けなくなったの。
おばあちゃんは大丈夫だから心配しないでね。
コンサートがんばってね。

体を向けて、一心に手を合わせて祈っている。

あゆみも声をかけようとしたが、野木がまた続けた。

「おい、聞いてるのかよ。ちなみにそっちはおまえ、北だぞ。九州は南だろうが……おいおい、そんなことで大丈夫か」

奈々はキッと野木をにらんだ。

「うるさーいっ、奈々にとっておばあちゃんは神様でやわらかでほんわかなの。一番大好きなんだから……う……一番……ヒック」

「お、おい泣くなよ。なんだ、オレが悪いみたいじゃねーか。人はそんなに簡単に死なねーよ。危篤になったら電報か何か来るぜ、だから……」

野木が焦りながら話していると、奈々は大声で泣き出した。

あゆみは野木の前に立ち、そしてしゃがんで奈々に言った。

「奈々ちゃん、おばあちゃん大丈夫かな……」

途中でさえぎられた野木が、

「おいっ、そんなこと言うと余計心配になるだろ……」

青沢が野木の肩をたたき、人差し指を自分の唇にあて、黙るように合図を送った。

あゆみが奈々の横に座り、奈々にハンカチを渡した。奈々はハンカチを受け取り、頬を伝うしずくを下からすくうように拭いた。

「奈々ね……おばあちゃんにだっこしてもらって……あ、今じゃないよ、子どものころのこと……。奈々、お父さんがいないから、奈々、おばあちゃんがお父さんみたいで……」

「そうなんだね。おばあちゃんに会いたいよね」

「うん、奈々、どこでもドアがあったらすぐに行きたい。だって、奈々、おばあちゃんが……ヒック」

「そうだね。でも、九州だもんね、すぐには行けないよね。行きたくても……」

「うん、奈々……歩いてでも行きたい……今は行けない……でも……」

「奈々ちゃんは行きたいけど、今からコンサートがんばらないといけないしね」

奈々はくしゃくしゃになったハンカチを、きれいに膝の上で畳みだした。

「うん、奈々ね、みんなに迷惑かけたからこのコンサートは絶対、絶対に成功させないといけない。スーパー奈々にならないといけないんだっ」

「そうだね。奈々ちゃんがいないとミラクルはミラクルにならないものね」

「そう、奈々がいないと1文字欠けるから、ミラクルはミルクになって、モーモー牛さんになっちゃうんだよ……」

「でも、心配だったら、まずはお母さんに電話してみたらどうかな」

あゆみは、奈々が携帯を持っているほうの手の甲に、自分の手を重ねた。

「あゆみちゃんだったら……電話かける？　でも、奈々怖い、けど、けど……」

奈々はあゆみに聞いた。あゆみはゆっくりとうなずいた。

そして奈々は生き返ったかのように明るい顔で、母親に電話をかけだした。


そのやりとりを野木と青沢は少し離れたところで見ていた。

「野木……今の話を聞いてどう思う」

青沢は聞いた。野木は憮然とした顔で言った。

「おい、リーダー、オレってひょっとして何か空気読めてないのか。同じように励ましたつもりだったんだけどよ……」

「励ましにもいろんな種類があるんだよ。相手をねぎらったり、配慮したり、特に大事なのは共感することだ」

「なぬ、共感。共感ってなんだ、おい」

「野木はさっきの柴田を見てどう思った?」

「え?　柴田……そりゃ可哀そうじゃねーか。というか運が悪いというか」

奈々の電話がつながったようで、聞き耳を立てながら青沢は、

「ああ、それは同情なんだよ。上から見ている感情なんだよ。その感情で話しても、当人からすると〝何がわかるんだ〟という気持ちになるんだ。わかるか」

「お、おう、そうかもしれねえな、だったら、どうするんだよ」

「同感は、相手と同じ感情を持つことだ。オレだったら心配だな、とか……」

「そ、それが同感か……わかったぜ」

「そして共感は……」

青沢の言葉をさえぎるように、1オクターブ高い奈々の声が部屋に響いた。

「発表――っ、奈々のおばあちゃんは、バレーボールでねんざしたそうでーす」

野木は膝が折れたように体を沈ませ、

「ね、ねんざ……おいおい、バレーボールって……おばあちゃん、いったい何歳なんだ」

「よかったね。奈々ちゃん。これで、コンサート、精いっぱいがんばれるね」

奈々はあゆみの手をにぎり、何度もうなずいた。

青沢が笑いながら野木に言葉をかけた。

「**あれが共感だよ。あたかも相手になりきり、同じ感情を感じることだ**」

「お、おう、共感……じゃ、オレの励ましは……なんだよ、全然いけてねーな……」

野木は静かに奈々に視線を戻した。

奈々はまた北のほうを見ながら手を合わせていたが、今度は野木も一緒に手を合わせた。

優先順位

9 ステージへの不安

「よし、オールクリアだ。みんな行くぞっ」

野木は人差し指を立てて立ち上がったが、あゆみの変化に気がついたようで声をかけた。

「おい、あゆみ。どうした、大丈夫か、震えてるんじゃねえか。やばいぞ、おいしっかりしろ、本番前にこんなことじゃどうするんだよ」

野木があゆみの前でしゃがみ込み、顔をのぞき込むように高い声をあげた。

奈々が、しゃがんでいる野木の首根っこをつかみ後ろに引っ張ったので、野木は尻もちをついた。

転がった野木の場所を奪って、奈々はしゃがみ込んで言った。

案件 19

あゆみが相談しにきた

もうすぐ本番ですね……。
今まで練習してきたんですけど、
正直やっぱり怖いです。
本番でうまく弾けるかすごく不安です。
足もがくがくしてます……

関連案件

19

「あゆみちゃん、緊張しているんだね。奈々も超緊張してるよ。失敗してもいいじゃん」

立ち上がった野木は太ももあたりをたたきながら、

「おいおい、失敗してもいいじゃん、ってどういうことだよ。それはやばいでしょ。これが失敗したら……うぐっ」

青沢が野木の口を塞いだ。

奈々は野木の発言を聞き流してあゆみに語りかけた。

「奈々はね、よくミスるけど、奈々負けないよ。だって、失敗しない人はいないんだよ。だから精いっぱい楽しんでやろうよ、ね、あゆみちゃん」

あゆみはゆっくりと顔をあげた。

「でも、もし、失敗したら……。私、奈々ちゃんみたいに強くないから……」

あゆみは弱々しく言った。

野木はその様子を見ながら青沢に言った。

「おい、あゆみマジでやばいんじゃね？　リーダーからガツンと言ってやれよ。今さら泣きごと言うなってよう。それか、メンバーからはずしてみるのもひとつじゃねーか。キーボードなくても、なんとかやれるかもよ。失敗するよりはいいだろ」

青沢は顔をあゆみと奈々に向けたまま、つぶやくように言った。

「野木。人は力では動かないよ。たとえ動いたとしても、それは本当に動いたんじゃない。

人を動かすには、メンバー自身が動くような環境を作ることが大事なんだ」

「はあ？　でもよう、これってあゆみ自身の問題じゃねえか。リーダーには関係ないんじゃねえ？　ひとりひとり、子どもじゃねえんだから、見てられるかよ」

野木は納得いかない様子で単語を吐くように言った。

青沢は野木を見ながら、

「オレたちはチームで動いているだろ、だから、メンバーを他人のことと思うのはちょっと当事者意識がないんじゃないか」

「ま、また当事者意識か、オレは自分のことと思っているから励ましたんじゃねえか」

「当事者意識はそれだけじゃない。**チームで起きたことを自分のことだと思って取り組む姿勢以外に、組織やチームから自分が何を求められているか、それを自覚する力ともいえるな**」

野木は目を細め、考えながら、

「おいおい、オレはチームのことを考えて考えて動いているぜ。それに、オレはチームの中ではベースをビシッとやってるぜ」

「野木はベースを担当する、それだけが、まわりが野木に求めていることだと思うか」

「おいおい、じゃ、それだけじゃねーってのか。ドラムもしろっていうのか」

「そうじゃない。組織やチームでは自分の担当業務以外に、チームのメンバーとして期待されていることがあるはずだ。たとえば奈々ちゃんはドラム以外に、チームの雰囲気を盛り上げているし、鬼塚は会場のセッティングとか機械関係のメンテナンスをしてるだろ」

「おう、そりゃそうだが……オレは何をみんなに求められているんだ」

「それを察知する能力が当事者意識だ」

野木は自分のとがった靴先を眺めて言った。

「オレは……みんなをつなぎたいんだよ。みんながバラバラになっていくのを防ぐために、いろんな意見を聞いて……でもよう、あゆみをはずすと言ったのは別に、仲間をはずすということではなく……不安そうなあゆみを見ているとよう、なんというか……守らないとよ」

野木は口調のスピードを落として青沢から目をそらした。

「守る？」

「……ああ。オレよう、あゆみのおびえている姿見るとよう、なんというか」

「おまえ……」

青沢は野木の目をのぞき込むように問いかけた。

野木は両手をバタバタして言った。

「おい、ち、ちがうぜ、勘違いするなよ。オレはメンバーの1人をよう、守るためになあ」

野木の髪の毛の生え際から、一筋の汗が流れ星のように垂直に落ちた。

青沢は静かに口を開いた。

「……メンバーを守るためだとしても、役割をはずすということは守ることにならない。ときには叱咤激励も必要だが、おびえているメンバーに対してそれは効果がないよ」

野木は口を半開きにしながら青沢を見ている。

「仮にリーダー自身が自信をなくしても、成功の確率が低いとしても、メンバーに安心を与える、これは絶対必要なことなんだ。失敗は結果だよ。それに至るプロセスを大事にするべきじゃないか」

「お、おう、オレもそれが言いたかったんだよ。ちょ、ちょっと行ってくるぜ」

野木は青沢と並んでいるラインを破るように、奈々とあゆみのもとに向かった。

そしてあゆみの後ろに立った。

「お、おう、失敗はよう、するときはするんだよ。オレも、恥ずかしいけどよう、ビビッてるぜ。でも、失敗をカバーしあいながら楽しくやるのがオレたちじゃねーか。なあ、柴田」

奈々は目を丸くした。

「わ、わ、野木っちまで。緊張でおかしくなった。まともなことしゃべってる、野木っちが。奈々びっくり……くわばらくわばら」

あゆみも少し驚いた様子で野木を見て言った。

「あの……野木さんでも緊張するんですか。本番で失敗したらどうしようって……大事なところで何もできなくなって……頭が真っ白になって……どうしようって思いますか」

「お、おう、思うぜ。間違って観客のノリが一気に引いたらどうしようとか……でもよう、ここまでオレたちは練習してきたんだ、あとは間違っても、頭が白くなっても、オレたちがカバーするからよう。まかせとけ」

野木はあゆみから目をわずかにそらしながら言った。

奈々は野木の後ろで力こぶをつくりながら、野木の口調をまねて言った。

「おう、まかせとけ。おう……ぎゃはは」

野木は真っ赤になった。

あゆみも少し笑いながら、

「そうですね。緊張してはいけない、と思うから余計緊張するのかもしれないですね……でも……」

青沢が3人の背後からゆっくりと言った。

「みんな、大丈夫だ。思う存分、僕たちの音楽を聞かせよう。なあ野木」

野木は突然振られて驚きながらも、真顔に戻って力強く言った。

「お、おう、やるしかねーぜ。オレたちは男だっ。なっ」

奈々は野木と目が合うと口をへの字にして、

「奈々、おとこじゃなーいっ。やっぱり肝心なところではずす野木っち!」

あゆみは笑いながら立ち上がった。

優先順位

10　事実の確認

ボイラーのような機械の音が急に響きだした。

それに混ざって音響機器のテストが繰り返される音が舞台から聞こえる。

舞台そでから7段ほど階段をおりた突き当たりにある、コンクリートの打ちっぱなしの壁に囲まれた部屋が楽屋である。ホテルのツインの客室くらいの広さだ。地下のせいか、少し湿度が高く、壁に無造作に埋め込まれている鏡の角には黒いカビが付着している。

その鏡には、携帯を見ながら血相を変えて、場違いの高い声を出す奈々が映っている。

「奈々……パニック……これって、これって……」

野木が奈々のピンクのカバーの携帯を奪って、画面の文字をしかめ面で読みあげた。

4人とも言葉が出なかった。

「これって……」

あゆみがつぶやいた。

関連案件

7

案件7

柴田が携帯を持ってきた（奈々の友人からのメール）

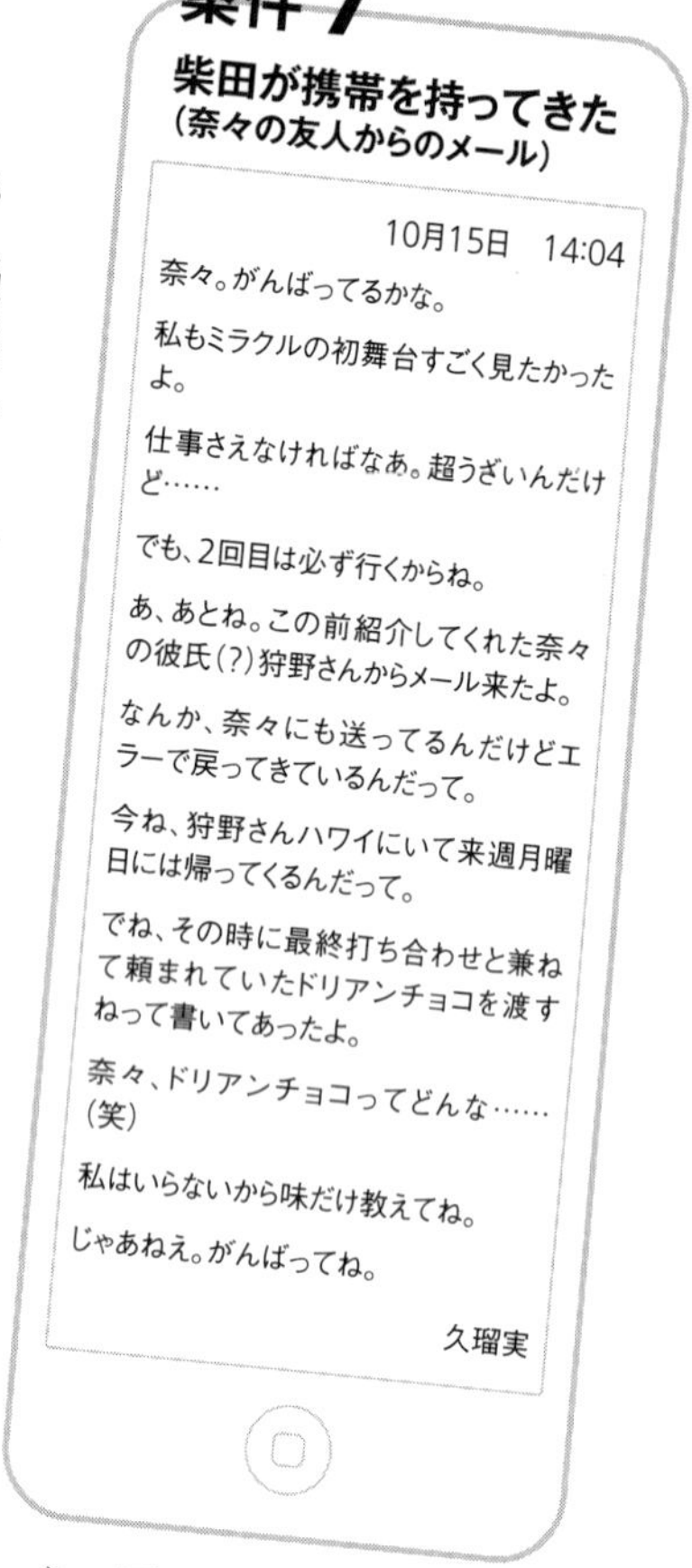
10月15日　14:04
奈々。がんばってるかな。

私もミラクルの初舞台すごく見たかったよ。

仕事さえなければなあ。超うざいんだけど……

でも、2回目は必ず行くからね。

あ、あとね。この前紹介してくれた奈々の彼氏(?)狩野さんからメール来たよ。

なんか、奈々にも送ってるんだけどエラーで戻ってきているんだって。

今ね、狩野さんハワイにいて来週月曜日には帰ってくるんだって。

でね、その時に最終打ち合わせと兼ねて頼まれていたドリアンチョコを渡すねって書いてあったよ。

奈々、ドリアンチョコってどんな……(笑)

私はいらないから味だけ教えてね。

じゃあねえ。がんばってね。

久瑠実

奈々も頭が混乱しているようだ。

「奈々、よくわかんない。狩野さんがどうしてドリアンチョコを奈々に……奈々、マカダミアナッツのほうが好きなのに……いや、ちがう。どうしてこんなメールが久瑠実に……」

あゆみも奈々の携帯をのぞき込んで、奈々の顔を見てつぶやいた。

「来週の月曜日に最終打ち合わせって……どういうこと?」

奈々は腕を組んで考えている。

野木がせかすように言った。

「おいおいっ、なんかっつーと、おまえら考えるよな。今はそんな場合じゃないだろ。オレらの金を持ち逃げした野郎なんか忘れてよ。さあ、準備しようぜ」

青沢は野木に手のひらを向けて言った。

「うん、たしかに開演の準備を急がなければならないけど、奈々ちゃん、この狩野って人からのメールは来ていないの？」

「うん、奈々、もらっていない。何も、来ていない」

そういって、カバンから黄色のウサギのカバーの携帯を取り出した。

あゆみが驚いて聞いた。

「あれ、奈々ちゃん、もう1つ携帯持ってたの？　知らなかった」

「うん、これね……ああ、奈々超恥ずかしい……これ、狩野さんとのラブラブホットラインなの」

「ホットラインって狩野さんとだけのための携帯ってこと？」

「大当たりー。でもね、もう使わないから……て言うか、結局1回も使わなかった」

奈々は風船から空気が抜けるようにじっと携帯を眺めた。

「奈々ちゃん、携帯見せてもらっていいかな」

奈々はコクンと頭を動かし、携帯をあゆみに差し出した。あゆみが奈々の携帯を受け取り、両手で操作をしている。

「あの、奈々ちゃん、これ、メール全拒否になっているみたい」

奈々は反射的にあゆみの操作する自分の携帯の画面に食い入った。

「はうっ……全拒否って……あっ、奈々、いろんな人から〝出会い〟とか〝会いたい〟ってメール来たから、2人のホットラインに何をするっ！　て拒否のボタン押した……」

「だから、だね。狩野さんのメールも……」

野木は頭をかきむしりながら、

「おいおい、もうそんなやつのメールなんか届かないから、どうでもいいじゃねえか。それより……」

と言ったが、青沢が割り込んで言った。

「いや、ひょっとすると、これは警察に被害届を出させるのを遅らせるための工作とも考えられないかな。それに、この久瑠実さんも被害にあっていないか心配だね」

「おっ、リーダーさすが鋭いね。ダテに大学で先生をやってないね。おい、聞いたか、その子にも言ってやれ、そんなやつには近づくなってなっ」

あゆみは抗議するように言った。

「あの……確信はないんですが、狩野さんは本当にお金を持ち逃げしたのかな……と」

青沢が鋭い目つきで、早口で返した。

「うん、何か根拠はあるのかな？　現にお金を奈々ちゃんから預かって、そのまま連絡がつかないんだよね」

あゆみは青沢の質問にうつむいた。

「え……すいません。そうですよね。……青沢さんの言う通りだと思います」

楽屋が何とも言えない静けさ……いや音はしている。ボイラーの音と、マイクのテストのハウリングの音がかすかに聞こえていたが、音のある静けさが部屋に満ちた。

青沢は目頭をおさえながら言葉をこぼすように言った。

「あゆみちゃん、ごめん、変な質問しちゃったね。悪い癖だね、実は大学時代に討論部にいたから、そのときの癖がいまだに抜けなくて……よかったら、どうしてそう思ったから教えてくれないかな」

あゆみはうなずきながら視線をゆっくり青沢に向けた。

「あの……来週の最終打ち合わせをするって、ここに書いてますよね。それと、他のメールの笹川音楽ホールの予約日程と組み合わせて考えると、狩野さんがお金を持ち逃げしたんじゃなくて、単に日程を勘違いしているんじゃ……と思ったんです」

青沢は手帳に何かを書きつけながら、

「なるほど。その仮説は成り立つよね。でも、電話もつながらない、事務所も虚偽だとすると……ともかく、奈々ちゃんの携帯の設定が受信拒否になっていたことは事実だから、一度こちらから連絡を取ってみたらどうかな」

あゆみは少し表情を曇らせてつぶやいた。

「仮説って、疑うという意味でもあるんですね……」

青沢も戸惑った表情で言った。

「うん、そういう側面もあるよね。問題分析の考え方は、もれなく、ダブりなく分析することなんだ。だから、少しでも疑いがあるのであれば、それを見過ごすことは判断ミスにつながることがある。これをミッシーの考え方というんだよ」

あゆみは奈々に携帯を返した。奈々は携帯をにぎりしめながら目をキラキラさせた。

「え……奈々、だまされたんじゃないかもしれないっ。……わかった。すぐに送る。なんて送ろう。〝カネカエセ〟いやちがう、〝サクラチル〟……うーん」

「ふつうに連絡ください……でいいんじゃ……」

「おおっ、よしそれで……」

奈々は携帯を目の前にして、まるで聖徳太子が札を持つような格好でメールを打った。

「よし、届け。愛のメッセージ」

するとすぐにファンファーレが鳴った。

「あ、狩野さんから返ってきた……えっ、エラーって……やっぱり奈々だまされた……」

横からあゆみが画面をのぞいた。

「あれ、アドレスエラーってなってるよ。何かドメイン部分が足りないようだけど……奈々ちゃん、この友だちに、狩野さんのメールをそのまま転送してもらったらどうかな。そこに狩野さんのメールアドレスが載ってると思うよ」

「おおっ、奈々、そうするぞっ」

3人が見守る中、奈々の力強い携帯メールのタイピングの音が響いた。

優先順位

11 ドレスに着替えるべき？

「……どうしよう」

　あゆみは携帯を見ながら下唇を噛んでいた。

　野木はあゆみを指差しながら言った。

「おいおいっ、何がどうしよう、だよ。こんな切羽詰まった状況の中、着替えなんかどうでもいいじゃねーか」

　奈々はあゆみの前に出て、逆に野木を指差した。

「ちょっとーっ、奈々のあゆみに指一本でも触れたら承知しない

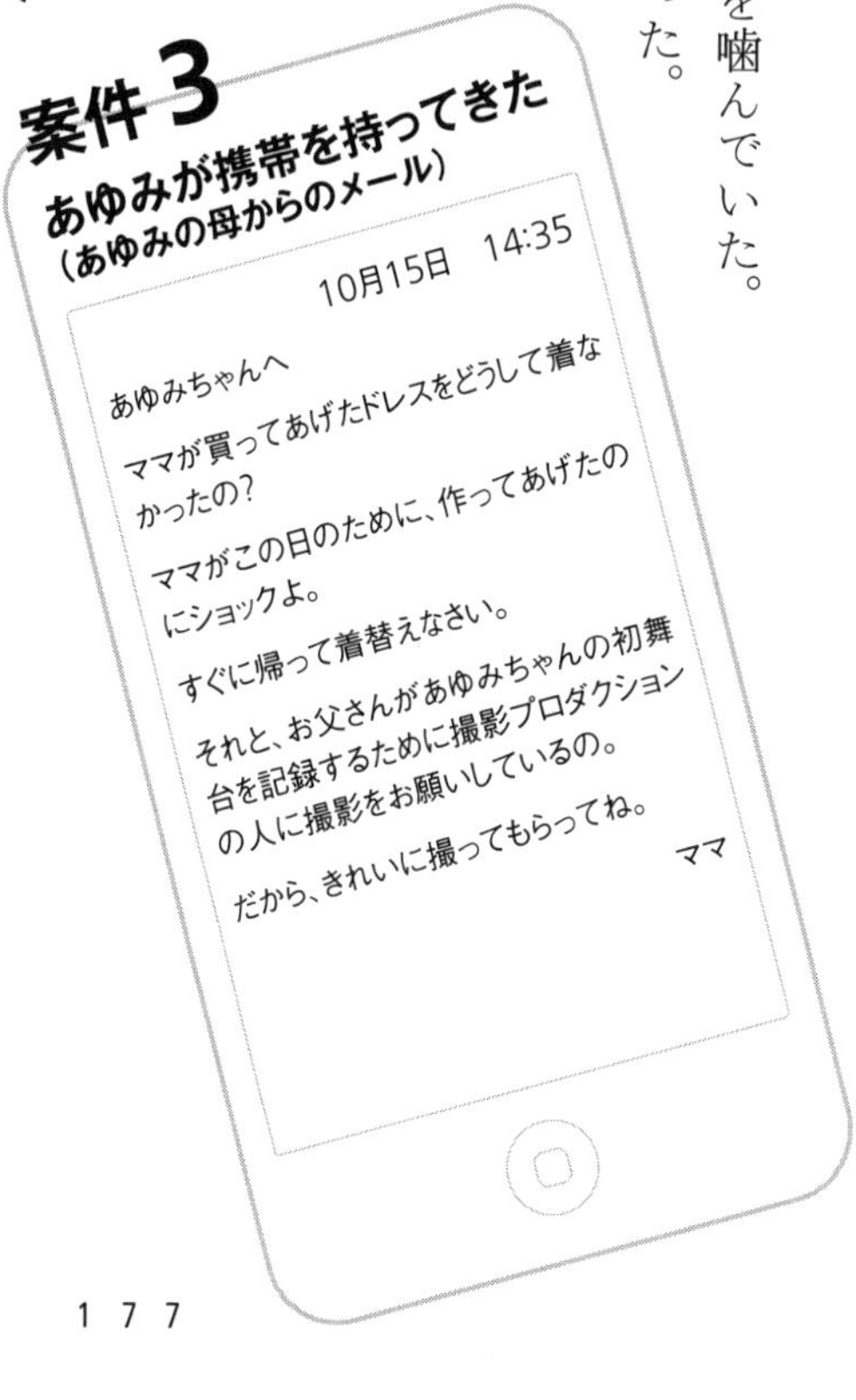
案件3
あゆみが携帯を持ってきた
（あゆみの母からのメール）
10月15日　14:35
あゆみちゃんへ
ママが買ってあげたドレスをどうして着なかったの？
ママがこの日のために、作ってあげたのにショックよ。
すぐに帰って着替えなさい。
それと、お父さんがあゆみちゃんの初舞台を記録するために撮影プロダクションの人に撮影をお願いしているの。
だから、きれいに撮ってもらってね。
ママ

関連案件

9	3

んだからねっ。あゆみにとってお母さんは神様で天子様でお地蔵さんで……うん、ちがう、ともかく言うことを聞かなきゃいけないんだから」

「何言ってるんだよ。おめえらはもう子どもじゃねえんだからよう。着替えなんてどうでもいいんだよ。どうしても着せたかったら持って来いってんだ。ちがうか」

野木が叫んだ。野木を横目で見ながら、青沢は言った。

「あゆみちゃんはどうしたいのかな？　それが一番大事だよ」

あゆみは携帯の画面を見ながら下唇を噛み続けている。少し足が震えていた。

青沢は先ほどより少しゆっくりと言った。

「きっとあゆみちゃんの中では結論が出ているんだよね。でもそれを言葉や行動に出せない。そうじゃないのかな」

「え……」

あゆみの見えなくなった下唇が微かに動いた。

野木はあゆみをのぞき込むように言った。

「べいびー、言いたいことは言っちゃいなよ。そうすればハッピーだぜ。思ったことは吐き出しちまえ」

「でも……」

あゆみがなおも躊躇していると、野木がたまりかねたようにさけんだ。

「あーもうっ。オレは自分のこだわりや考えがないやつが気にいらねーんだよ。何がお母さんだよ。それくらい自分で決めろよ。そんなやつはなあ、生きてるって言わないんだよっ。誰かに生かされてるって言うんだよ。うぐっ」

奈々がすごい剣幕で野木をにらみ、野木の口をふさいだ。

「奈々は怒ったぞーっ。そんないけないことを言うのはこの口かっ、奈々が成敗してくれるっ」

「う……ぐ……」

「おい奈々ちゃん、鼻までふさいだら野木が息できないよ」

青沢が言うと、奈々はあわてて手を離した。

「……私……」

あゆみが口を開いた。バタバタしている3人は動きを止め、あゆみを見た。しかし、続く言葉を聞くことはできなかった。と思うと、あゆみはうつむいたまま、携帯を操作しだした。

「お、おい。まさか本当に帰るんじゃ……」

野木があゆみの携帯をのぞき込もうとしたとき、あゆみが野木につぶやくように言った。

「私は……誰かに生かされてなんていません。私にも自分のやりたいことがあります」

楽屋はシーンと静まりかえって、機材の搬入の音などが聞こえた。

青沢は一瞬驚いた表情から真顔に戻り、言った。

「うん、そうだね。これまでもあゆみちゃんは頭の中で自分の考えを持ってたんだね」

あゆみはようやく顔をあげうなずいたあとに、3秒ほど間をあけて、言った。

「あの……私、言えないんです。思ったことが……」

「どうして？」

「あの、小学校3年生のころに……サッカー……」

野木がまた立ち上がって大声を出した。

「おいおいっ、そんな昔のヒストリーを語っている場合じゃないだろうよ。どうすんだよ、結局」

あゆみは現実に戻ったかのように苦痛の表情を浮かべながら言った。

「私、帰りません。ここにいます。でも、お母様にどう伝えたらいいか」

青沢が話した。

「うん、**意思決定の内容を伝えるのは大事なんだけど、インバスケット思考では対人関係能力（ヒューマンスキル）と言って、相手に対する感謝や労《いたわ》り、配慮をまずするべきじゃないかな**」

「感謝……そうですね。わざわざ私のためにドレス作ってくれましたからね」

「感謝だって？　おい、頼んでもないもの勝手に作って、感謝も配慮もねーだろ。余計なお世話だって言ってやれよ」

野木が自分のベースを取り出しながら、振り向いて言った。

奈々は野木にあっかんべーをしている。

「でも、どうしても断るのが……」

あゆみはまたうつむきかけた。

青沢が答えた。

「そうだね。根拠を明確にすることが大事じゃないかな。意思決定で大事なことは、判断することじゃなくて、判断したことを相手に論理的に伝えることだよ」

「論理的に、ですか……」

「ああ。論理的っていうのは、筋道を立てて相手が理解できるようにすることだよ」

「筋道……」

あゆみは以前、ケーキのたまの仕事を早退するように母親に指示されたことを思い出した。あのときは同じ遅番の奈々が明美のお見舞いで早退せざるを得なくなり、それを理由にして母親に説明したのだった。

「たしかに、誰でも理解できる根拠があれば断れるかも……。それなら怖くないですね」

「怖い？」

青沢が聞き返した。

「……はい。自分の思ったことを相手に伝えるときは、すごく怖いです……」

「どうして？」

「え……どうして、ですか。えっと……私、反論されたり、責任を取らされたりすると思うと、ダメなんです。それに誰かが決めたことに賛成しておくほうが、波風が立たないし」

「そうだね。オレの以前いた会社の会議でも、そんな風潮があるよ。みんな、心の中ではいろんな意見や考えを持っているけど、相手に反論されたり、責任を取らされたりするのがイヤで、言わないんだね。言わなくても大丈夫だからね」

「そうなんですね。私だけじゃないんだ」

「ああ、そのくせ、個別で発言を求められると、はじめて自分の考えを話すんだ。それも、あたかも自分の考えではないような感じで……どうしてこんなことになると思う？」

「どうして……波風を立てないようにしたいからですか？」

「ちがうよ。自分の考えを相手に伝えることができないのは、自分自身がその考えに十分納得していないからだよ。自分が納得していないのに相手を納得させることはできないからね」

あゆみは目を少し大きく見開いて、口をわずかに開けたまま話を聞いている。

「だから、**意思決定で大事なのは、自分の判断を、自分が納得することなんだ。そのためには判断までのプロセスを論理的におこなうことが大事なんだよ**」

「自分自身が納得……はい……たしかに今回は、自分の判断は間違っていないと思います。ありがとうございます」

そう言ってあゆみは母親に返信するメールを打ち出した。


「うおーっ。弦が切れてるじゃねーか。どうすんだよ。これじゃ演奏できねーよ」

突然、野木が自分のギターバッグをのぞきながら叫んだ。奈々はあきれた顔で、

「まあ、野木っちは、論理的とかプロセスとかと無縁の人だね……まったく」

野木は奈々の言葉を一瞬聞き流したようだったが、ワンテンポ遅れて振り返った。

「おいおい、聞き捨てならねーな。オレはな、今日のテレビ取材のデビュー公演をな、バシッとキメてえんだよ。これがオレ様の叫びの論理的な理由だ、どうよ」

奈々が頭の上で大きく手をクロスさせた。

「はあ？　全然ダメでーす。奈々理解できないもん。きゃはは」


青沢は真剣な顔で野木に聞いた。

「野木、テレビ取材の話は本当か」

野木はベースをパイプいすの上に置いて答えた。

「おう、でっけえテレビカメラを持ってたしよう。プロデューサーみたいなやつがよう、

案件 9

メンバーの野木より

おいおい、玄関にテレビカメラが来てるぞ。

ひょっとして取材じゃねえか。

すごくねえ。オレたち、ひょっとしたらメジャーデビューできるかもしれねえぞ。

テレビに映るとしたらプログラム変えたほうがいいんじゃねえ。

最初にオレたちの一番得意曲「べろべろバーは切なすぎる」を演奏したほうがいいんじゃねえ。

それと観客はもっと集めたほうがいいな。オレ、「テレビに映るかも」って手当たり次第にメールするからよ。おまえらも、早く周りに知らせろよ。


表でリハーサルやってたぜ。きっと全国ネットのOKYOテレビだぜ。やば、オレ、サインペン持ってくるの忘れた」

「奈々も、どうしよう、おでこにニキビが、よし。ヘアバンドだ。リーダーヘアバンド貸して!」

青沢はせかす奈々に動かされるようにヘアバンドを渡しながら、

「でも、テレビ取材とは言ってないんだろ。そう見えただけじゃないのか」

「おいっ。テレビカメラ持ってるってことは、テレビ取材だろうよ。ラジオじゃねーだろ」

「たしかに推測はできるが、推測情報で大きな判断はできないよ。仮説を立てたら、必ずその仮説を裏付ける情報を集めるべきだ。それが抜けていると誤った判断をしてしまうことになるんだ。それに、そもそも、無名なオレたちのアマチュアバンドにどうしてテレビ取材が来るんだ。それも事前に打ち合わせもなく……」

「そんなこと知るか! きっと誰かが、〝こいつらすげーぜ〟って言って、その連れが〝すげーらしいぜ〟と言い、それを聞いたやつらが〝あいつら大物らしいぜ〟みたいな感じで、伝わったんじゃねーか。ともかく来ているものは来ているんだよ」

野木が目を見開き、鼻の穴も広げながら言い張った。

奈々はあきれたように言った。

「野木っち、すごい創造力。それを作曲にいかせたらいいのに」

あゆみは小さな声で青沢に言った。

「あの……その取材ってひょっとして……いやちがうかも」

青沢は目を細めながらあゆみに聞いた。

「あゆみちゃん、そうやってせっかく浮かんだ仮説を頭の中で否定するのはよくないよ。仮説は間違ってもいいんだ。ただ、これも論理的な裏付けがいるけどね」

「あ、間違ってもいいんだったら……。あの、この取材って、私の父が依頼したプロダクションじゃないでしょうか」

野木が一瞬固まり、ゆっくりと頭をおさえた。

「お、おい、マジか、……オレの……オレのサイン……おーまいごっど」

青沢と奈々はあゆみの携帯をのぞき込んだ。

奈々が大声をあげた。

「ほんとだー。あゆみちゃんのお父さんが撮影プロダクションを呼んでる。ははは、野木っちの野望やぶれたりーっ」

青沢は笑いながらも、

「しかし、まだそれと確定したわけじゃないから、きちんと確認しなければいけないな」

そう言うと、奈々が青沢に敬礼し、言った。

「うん、奈々が急行します、隊長」

青沢はすべての案件に「済」と書いた手帳を閉じて立ち上がった。

他のメンバーもそれにつられるように立ち上がり、舞台に向けて歩き出した。

e p i l o g u e

1 開演

古いブザー音が会場いっぱいに広がる。どうやら開演10分前になったようだ。

奈々はそっと幕のすき間から観客席をのぞいた。

観客席の入り口付近でいったん団子状態になった人々は、あとから入ってくる人の波に押されるようにして散らばり、徐々に会場内がまんべんなく人で埋まりはじめていた。スタンディングだけあって、観客ひとりひとりが定位置を与えられないため、動きが波打っている。

どうやら、ミラクルの音楽を聴きたいというより、つき合いで来た音楽に興味のない人も多そうだ。でも一部のファンらしき人間は、黄色のロープぎりぎりの最前列に陣取りはじめている。

「よよよ……すごい。奈々のケーキのためにこれだけ集まっているんだ……」

「バーカ、おまえのケーキのためじゃねえよ。それにしても……ぶるっ、やばいぜ、ビビッてきたぜ」

野木が顔をこわばらせて言った。青沢は最終確認のメモのチェック表に目を落としている。

「ところで、やっぱり押谷は間に合わないか……それと譜面台も……」

青沢もさすがに焦りを隠せず、指をぱちぱち鳴らしながら息を荒げて言った。

奈々は笑いながら、

「まさか押谷っち、電車の中で眠れる押谷っちになってたりして……きゃはは。ありえる」

5人は舞台そでで最終の打ち合わせを始めた。青沢はこれまでの流れとプログラムの変更などをかいつまんで説明した。開演が刻一刻と迫るにつれ、青沢の声が聞き取りにくく感じるほど、幕の向こうの観客のざわめきは大きくなっていった。押し寄せる声を波のように感じながら、5人の緊張感もマックスになっていった。

「けど、どうして当日にこれだけプログラムが変わるんだよ。オープニングにDVDなんて聞いてないぜ。オープニングは大音響でレーザーを使って始めるんじゃねーのか。段取りが悪すぎだぜ」

鬼塚が目を細め眉間にしわを寄せた。

野木もライトを浴びた額の汗を拭きとりながら言った。

「鬼兄《に》ィ。気持ちはわかるぜ。今までプログラム通りに練習してきたんだもんな。オレも同じ気持ちだぜ。まったく、どうしてこんなことに……、おい、リーダー、なんか言えよ」

それを聞いた鬼塚は野木に対して、

「おいっ。なにてめえ。女々しいこと言ってやがる。プロならどんな状況でも客に応えるのが当然ってもんだろう。筋が通らねえこと言うな」

「へ……。いやいや、鬼兄ィが言い出したんじゃ……いや、そうだな。みんな、やってやろうぜっ。いくぜっ」

野木が勝手に音頭を取って、円陣の中央に手の甲を差し出した。

少しテンポをずらしてあゆみが野木の手の甲の上に手を重ねた。

「あーっ。野木っち、赤くなってる。ぎゃはは。奈々は見た。ぎゃはは」

「ば、ばかっ。そんなんじゃねえよ。そ、それより早く手を置け、だるいんだよ」

奈々は笑いながら手を置き、それに続いて全員が手を重ねた。

「あの、開演5分前ですが……どうしますか。SE《効果音》流しますか。それともDVDの映像流しますか」

金色のロン毛の髪を肩まで垂らしたメガネ男が、5人に聞いてきた。胸にはスタッフのバッチがついている。

野木が青沢をのぞき込むような姿勢で言った。

「おいおい、どうする、とうとうだぜ。譜面台は来ないし……押谷も来ないし……鈴木はいないし……どうするよ」

青沢は少し考えたが、スタッフのほうを向いて言った。

「よし、SEを流してもらえますか？ 開演時間になったら奈々ちゃんが司会でまずつかめ。それから15分はDVDの映像を流す。映像が終わったら幕をあげて、予定通り1曲目からスタートするぞ」

奈々はしこを踏むようにガッツポーズを決め、

「よし、奈々がまずつかむから、みんな見ててね。必殺キグルミ作戦始動！」

そう言うと舞台そでに用意してあった白いキグルミを着はじめた。

「おいおい、なんだそれ、おまえはヌリカベかっ」

「ちがーうっ。これは大根さん。今回のポスターは野菜でしょ。だから奈々は大根、野木っちはナスビ、あゆみちゃんはプチトマト、鬼っちはジャガイモ。鈴木っちは玉ねぎだったんだけど、これはパス。ほんで押谷っちはレンコン……」

「うえっ。マジでこれかぶるのか。しかも、葉物が1つもねえじゃねえか。レタスとか、キャベツとかよう。バランス悪ィじゃねーか」

あゆみはトマトの帽子をかぶった。ふと、野木と目が合ったので、あゆみは野木に笑いかけた。

「どうですか、私、トマトなんですけど……」

「お、おう。なんつーか、いいんじゃね……」

すかさず奈々が茶化した。

「あー。野木っち、トマトみたいに真っ赤になってる。傑作。キグルミいらないじゃん」

鬼塚も無言で頭に段ボールを丸めたような、ジャガイモらしきものをかぶった。

会場からは突然重低音とともに、コンピューターで作った人工音の高音が混ざった曲が緩やかなテンポで流れはじめ、会場の照明が徐々に暗くなった。

会場内はざわめきから緊張に満ちた静けさに変わり、舞台も照明が落とされ、かわりに真上から、紫色の太陽のような照明で照らされた。続いてそれは沖縄の海の色に変化し、やがて夕日の黄色がかった色に変わった。

「お、おおっ、やべ、ビビッてきた。やべえ……」

「大丈夫ですか。野木さん」

あゆみは野木に笑顔で声をかけた。

「お、おう、大丈夫に決まってるだろ。ビビッてなんかいないぜ。それよりあゆみは大丈夫か」

「さっきは不安になっちゃったんですけど、なんか、平気です。今までコンクールで弾いたこともありますから……」

「へ、そうなの？　やば、オレ、はじめてだぜ。この幕の向こうでみんな見ていると思うと……よう」

「大丈夫ですよ。みんながついていますから」

あゆみが笑いかけると、野木も汗を流しながら無理に笑顔を作った。

鬼塚がギターを持ちながら振り返った。

「ん……何かおかしな音、聞こえねーか」

「奈々ちゃん、ひょっとして携帯じゃない……？」

あゆみが奈々に声をかけると、未完成の大根のキグルミを着た奈々はポケットから携帯を取り出した。

「はい……奈々です……おおっ、金田っち。到着ですかっ」

奈々の声に、４人は色めきたった。

「よし、着いたか、オレが取りに行くよ。なんとか組み立てよう、譜面台」

青沢はスモークが出てくるパイプをまたいで舞台そでから搬入口に向かった。

「オレも行くぜ」

鬼塚もギターを置いて、アクセサリーをジャラジャラ言わせながらあとに続いた。

大根に変身した奈々は、口の中でぶつぶつ何か唱えて練習している。

「奈々ちゃん。がんばって」

あゆみが後ろから声をかけると、奈々はあゆみにVサインをして見せた。

ロン毛のスタッフが奈々に合図を送った。

「よし、奈々発進、いくぞっ」

マイクの電源を入れると、少しハウリングの音がして、それが開演の合図のように会場に響いた。奈々が幕のすき間から舞台中央に進み出ると、ステージ正面の2階席のあたりから、強い緑色の照明が4本、奈々にあてられた。あゆみたちからは、映し出された奈々の後ろ姿が、あたかも緑色の太陽に挑んでいく姿に見えた。

レーザーのような赤色、青色、黄色の光線がBGMに合わせてリズミカルに動き、サーチライトのように観客を照らした。会場はざわめき、盛り上がりを見せたが、あいた幕のすき間からスモークと同時に現れた大根に気づくと、一気に静まりかえった。

あゆみたちは奈々の歩く姿を陰で見守って、会場の沈黙を肌で感じ取った。

「やべ……完全にはずしてるぜ。だから葉物にしろって言ったんだよ。……おお？　なんだあ？」

野木が急に立ち上がった。奈々の影が突然消えたのだ。と同時に、客席から怒涛のような笑い声が起こった。

「な、なんだ？　おい……」

あゆみと野木が幕のすき間から見ると、奈々が舞台から転落して、客席前でうごめいてる。大根のせいで、起き上がることもままならないらしい。

「奈々……前が見えず転落……無念」

「やべ、あいつ落ちた……あゆみ、一緒に救出だ」

「は、はい」

2人が楽器を置いて舞台そでから客席に向かおうとすると、奈々はぎこちない動きで舞台によじ登り、マイクを取った。

「いてて……奈々、傷物の大根になっちゃったあ」

会場がどっと沸く。

「みんなあ、今日は来てくれてありがとうっ。ミラクルの大根、奈々でーす。こんにちはーっ」

拍手したり、会釈したり、手を振ったり、会場からの反応はさまざまだ。

奈々は大きな身振りで動きながら、

「みんなあっ。これからミラクルのコンサートを始めますっ。コンサート聴きたい人、手をあげてっ……それっ、はーいっ」

会場の観客はちらほら手をあげた。

「こらっ、手をあげない人は追い出すぞっ。ほら、もっと手ェあげて、はい、次に両手をあげるっ、ほらっ」

まわりを見まわしながら、でも今度はほとんどの観客が両手を天井に向かって突きあげた。

「はい、では、次にリズムに合わせて、両手を横にふりまーす。そーれっ」

奈々は自分の両手を大きく左右に動かした。頭についた大根の葉っぱもシンクロするように左右に揺れた。会場の観客も奈々にならって両手を大きく振り出した。

野木とあゆみは舞台そでからその様子を見守っていた。

「すげえ、あれだけバラバラだった観客が、まるで波のようにまとまってるぜ……」

「奈々ちゃんは、みんなを巻き込む不思議なパワー持っているんですよ」

会場のざわめきがいつしか熱気に変わっていた。奈々の甲高い声が会場に響く。

「じゃあ、みんないくよっ。まず、ミラクルの歩みをオンエアーっ、スタートっ」

幕があがり、舞台の照明が落とされて、スクリーンがスルスルスルと野木たちの背面におりてきた。それを見て野木がつぶやく。

「すげえ。この会場、こんな設備があるんじゃねーか。だったらイスくらいちゃんと用意しておけっていうんだ」

会場が真っ暗になると、スクリーンに映像が投影されはじめた。最初の画像は鈴木と青沢が商店街の店の前で2人ライブをしている光景だった。そこから、徐々にメンバーが増え、設備なども増え、そして現在に至るまでの画像と動画が織り交ぜられて、効果音とともに送られていった。映像の光がスクリーンにあたって反射し、観客の顔をかすかに照らす。みな、真剣に画面を見つめていた。

その間、青沢と鬼塚は譜面台を組み立てて、ようやくポジションについた。

真っ暗な中、舞台そでからかさかさと音を立てて、何かが忍び寄ってきた。

「誰だ、おまえはっ」

奈々が忍び寄る何かに声をかけると、ニカッと笑う白い歯が見えた。

「おおっ、押谷っち、よく間に合った。でかした」

「おいおい、間に合ってないじゃねえか。おめえ、本番の日くらいまともに来ようと思わねーか、ったく」

舞台そでからスタッフの合図が入った。

〝DVD終了1分前です〟

青沢がみんなに小さく声をかけた。

「思いっきりやろうぜ」

そして、青沢はひとり、舞台そでに走って消えた。

メンバーは暗闇の中、目で合図しあった。そして野木が足で小さくリズムを取り出した。

ＤＶＤのＢＧＭが切れると同時に、後ろからスモークが吹き出し、目の前１８０度からさまざまなスポットが各メンバーを照らした。

メンバーひとりひとりが光の中で浮き上がっているようだった。同時に野木が足でリズムを5回とった。

そして低音が鐘の音のようになりはじめ、あゆみのキーボードが軽やかに続いた。奈々はドラムのシンバルを遊びながらたたいて響かせ、鬼塚のエレキギターが旋律を奏ではじめ、押谷のハスキーな声が叫び声のように重なった。会場は両手をあげた観客が、低音のリズムに合わせ誰も合図をしないのに左右に動き出した。

3分ほど演奏したところで、野木のベースが狂いだす。野木は汗をだらだら流しながら、自分の指先しか見ていない。

鬼塚が野木の近くに演奏しながら歩み寄り、体をくっつけた。

野木はようやく、まわりのメンバーを見た。

あゆみはキーボードの奥から、奈々はドラムの向こうから笑っている。そして野木のベースに旋律を合わせだした。野木も、肩の高さを少し落として、それに応じた。

そして、徐々にミラクルの音楽に深みが出はじめた。

青沢はその様子をコンサートのあいだずっと、舞台そでから見守った。

1　開演

ミラクル最初のコンサートの動員数は167名。途中で出たり入ったりはあったが、会場にもなんとかおさまり、興奮のあまり置いてあったイスに足をぶつけてあざになった人や、ねんざをした人がいたほどだった。

ディナーも立食形式をとったが、会場側の配慮でビニールシートが敷かれ、あたかも運動会の観客席のような雰囲気になった。

奈々のケーキは96個販売され、その販売には奈々やあゆみの友人が試食をまじえて協力してくれた。

ディナー時に荻野ホールの支配人が訪れ、メンバーに謝罪をしたうえで、このホールをベースとしてこれからも使ってほしいという申し入れがあった。以前、別のバンドに会場を貸した際に、かなり乱暴に使われ、イスが壊されたのもそのせいらしく、それ以降、すこし若者のバンドに会場を貸すのに慎重になっていたらしい。

支払いも1カ月猶予してくれることになり、イスが足りないなどの会場の設備の不備を認め、当初の3割引きの料金に割り引いてくれた。

コンサートは後半も大盛り上がりで、興奮のあまり奈々が2度もスティックを飛ばすハプニングもあったが、会場との一体感が最初から最後まで変わることはなかった。いや、最後は、もう終わりなのに誰も帰ろうとせず、用意をしていなかったアンコール2曲まで演奏した。

最後にメンバーは深く観客に頭を下げて御礼の気持ちを表した。幕が静かにおろされ、観客席が白色の照明で照らされると、ようやく観客は退出口に流れはじめた。

あゆみの父親が呼んだ撮影プロダクションのディレクターが楽屋を訪れ、あいさつをして帰っていったかと思うと、入れ替わりで金田が手土産を持って現れた。急きょ、席がスタンディングに変更になったため、メンバーは特別席を約束した金田を、舞台そでへの招待というVIP待遇で迎えたのだった。

「おおー。ご苦労さんご苦労さん。素晴らしかったぞ。私も、年甲斐もなく熱くなってしまった。いやいや、これからも応援しているぞ」

金田はタートルネックのカットソーの首もとを広げながら、頭の汗をハンカチで拭きながら言った。

「すいません、金田さん。リーダーの青沢です。今回は無理なお願いをしまして」

青沢は深々と頭を下げた。

「なんのなんの、こんなオヤジで役に立つのなら。私らは若い連中を育てるのが仕事だ。なあ、ケツパン」

エピローグ

1　開演

金田が視線をやる方向を見ると、ホール支配人の荻野が立っていた。

木目のような色のジャケットと白髪のオールバックの髪形が品格を表している。

「ケツパンはないだろ。豆太郎。いや、でも事情もよくわからず、悪かった」

荻野は少しばつが悪そうに笑いながら言った。

「いえ、ご協力いただいたおかげで、無事コンサートも終了しました。ありがとうございました」

青沢が再度深々と頭を下げると、メンバー全員が頭を下げた。

「いやいや、私も久しぶりに笑わせて……いや、楽しませてもらったよ。私も今までいろんなバンドを見たけど、君たちほど変わっているバンドははじめてだ。もちろんいい意味でだよ。技術レベルはこれからあげなければならないかもしれないが、風変わりなアイデアと観客との一体感は素晴らしいと思うよ」

「そりゃ、私の店のアイデアマン・柴田がいるからな。はーっはっはっはっ」

金田は奈々の頭の葉っぱを引っ張りながら言った。

「金じい。こら、葉っぱを引っ張るな……自然を大切に……これ、次も使うんだからね」

奈々は必死に抵抗している。

荻野は笑いながら
「しかし、災難だったね。前売り券の代金を持ち逃げされたって……支払いは待つけど、食事代などの支払いもあるだろう。大丈夫なのかい」

と青沢に声かけた。

「ええ。安易に他人にお願いしたのが悪かったのかもしれません。こちらにはご迷惑をおかけしませんので、とりあえず今日は前金だけでも支払わせていただきます」

「ああ、まあ、豆太郎の知り合いなら信用するから、君たちの無理のない範囲で支払ってくれればいいよ。あとね。もし君たちがよかったらなんだけど」

「はい」

青沢とメンバー全員が荻野を見つめた。

「実は私の知り合いが大手居酒屋チェーンを経営していて、そこのテーマソングを作ってくれるアーティストを探しているんだ。もしよければ紹介するけど、どうだい」

「おおっ」

メンバーは顔を見合わせて声をあげた。

野木が青沢に言った。

「なあ、リーダーありがたい話じゃねーか。な、やらせてもらおうぜ、よう」

しかし、青沢は浮かない顔をしてしばらく沈黙したあと、予想外の発言をした。

「しばらく考えさせてもらえませんか？　メンバーで話し合ってみます」

メンバーはみんな、青沢の真意を探るように、再び顔を見合わせた。

荻野はその様子を見て、何度もうなずきながら言った。

「ああ、その気になったら紹介するから言ってくれたらいい」

「そうそう、よく考えることだ。なあ、ケッパン、さて、私らはあっちで茶でも飲むか」

金田はそう言いながら扇子で顔を仰ぎながら、荻野と一緒に楽屋をあとにした。


金田と荻野が遠ざかる姿を見ながら、野木は青沢に言った。

「おいおい、リーダー、あんなおいしい話をどうしてすぐ受けなかったんだよ。オレたち全員賛成に決まっているじゃねーか。なあ。みんな」

野木は首を180度回して、片づけを始めているメンバーに言った。

今回は全員が野木の言うことに賛成の意をあらわすようにうなずいた。

青沢はみんなの顔を見まわしてから、見せぬ決意があるかのように口にした。


「ミラクルを解散しようと思う」

奈々が手からスティックを落とした。床に厚みのある音が響き、コロコロ転がり、青沢の足元で止まった。

青沢はそれを手に取り、目の前に立てて、スティックの先をじっと見た。

「お、おい、解散……解散って、どういうことだよ。なんのことだよ。意味わかんねーぞ。

おい」

「青沢、鈴木がいなくなったからか。それともオレのソロのせいか。はっきり言ってくれ」

野木は取り乱さんばかりだった。鬼塚は静かに顔を紅潮させている。押谷は何かを言いたそうに口を開いたまま、言葉もなく青沢を見つめ、奈々とあゆみも呆然と立ち尽くしていた。5人とも、青沢の言ったことが理解できそうにない顔をしていた。


青沢はスティックを奈々に返して言った。

「ミラクルは今日で解散する。決めたんだ」

メンバー全員が一気に青沢に質問を浴びせた。

「おいおいどうしてそうなるんだよ。今日はデビューじゃねーか」

「青沢、きちんと筋を通せ」

「どういうことだ」

「リーダー、解散っていつまで解散ですかっ。来週までなら奈々オッケーですけど」

「あの……私が原因ですか……」

青沢は言葉を選ぶように、静かに話しはじめた。

「実は、今まで言い出せなかったが、僕は来月からオランダの大学の講師として赴任することになった。もちろんバンドも好きだが、今やっているインバスケット思考の研究も海外に普及させたいし、今回、あっちに行くことにした」

あゆみが聞いた。

「……青沢さん……日本からいなくなっちゃうんですか？」

鬼塚も顔を真っ赤にさせて言った。

「おい、てめえ、それでもリーダーか。筋が通らねえだろう。自分だけよければいいのかよ。オレたちのことはどうでもいいのか」

青沢は体の角度を少しそらせて、遠い目をして言った。

「すまない。鈴木の言った通り、僕は音楽を趣味として考えていたのかもしれない。だから、僕は君たちと一緒の道は進めない。もしプロを目指すのであれば、それぞれの道を進んでほしい」

野木が青沢の襟をつかんで、吊るし上げようとしながら言った。

「おい、いくらリーダーでもそんな勝手なこと許されるかよ。オレはなあ、勤めている工場をリストラされてでも、このバンドに命を懸けてきたんだ。おまえの言い方は、その工場長が最後に言った言葉とまったくおんなじだ。メンバーのことはどうでもいいのか。ええ？」

青沢は吊り上げられたまま、少し詰まりながら答えた。

「……このまま、このミラクルを続けていくのは無理だ……僕はそう判断した。リーダーとしての判断だ」

「何をおかしなことを、まだリーダーづらしやがる。オレたちはなあ、今日のためにどんなに努力してきたか。わかるか、ええ？」

「このミラクルは、僕と鈴木が始めたバンドだ。当時は絶対プロになるというより、この時代に対して、まわりの環境や社会に対して、本気で自分たちの想いを伝えることが目的だった。だから、ギャラなんかより僕たちの音楽を理解してくれるやつを増やすことが目的だったんだが、次第に鈴木は報酬やプロとしての知名度を重視しはじめた。本当はそこで方向を統一するべきだった。そして方向が合わない場合は、ちがう道を進むべきだったと思う」

あゆみが口をはさんだ。

「でも、一緒に進んで、私たちも入れて大きくなったんですよね」

「ああ、もう進むしかないと思った。でも、今日みんなの演奏を聴いていると、一度解散して、新たに方向を統一したほうがいいと思った。つまり、確固たるコンセプトを持って、戦略的に運営しないと、そこらへんに埋もれてしまう。僕は鈴木をプロにするための道を、大幅に遠回りさせたような気がするんだ」

野木は両手を広げながら言った。

「おいおい、おまえ、さっきから自分の話ばかりしてるじゃねーか。コンセプトとか戦略とか、そんな難しい話は大学でぬかしやがれ。オレたちは音楽に命を懸けているんだよ。なあ」

鬼塚が腕組みをしながら言った。

「まあ、バンドはこんなもんだ。青沢の言ってることも筋が通っている。青沢のことだ、きっとインバスケット思考とやらで考えた結果なんだろう。これが潮時かもしれねえ」

「鬼兄ィまで、なんてことだよ、せっかくバンドとしてうまくいきそうだったのによ」

青沢は言った。

「少なくとも、今回のコンサートの後処理までは僕が責任を持って終わらせる。あとの進む道は各自が考えて、また話し合おう。いいな」

メンバーは誰も返事をしなかった。奈々もあゆみも涙を止められずにいた。曇る視界をハンカチでぬぐいながら、片づけをこなしていった。

ミラクルの最初で最後のコンサートは少ししょっぱい涙で終わった。

2 奈々の変化

奈々のいつもの朝が始まった。

クマ柄の薄いベージュの遮光カーテンを開けると、テラスの手すりにとまっていたスズメが、ちゅんちゅんと言いながらどこかに飛んで行った。今日はいつもよりも部屋の奥のほうまで朝日が届いていた。

コンサートが終了した次の日は激しい筋肉痛と打撲の痛みに襲われていたものの、今はそれももうおさまり、膝の青あざも目立たなくなってきた。

奈々はまず、飲みかけの紅茶のにおいをくんくん嗅いでコップに注いだ。

そして、買ったばかりの手帳をベッドの上で開いた。ベッドの頭の上の壁には、『確認・確認・また確認』と黒いマジックで書かれたA4サイズの紙が貼られている。そして手帳の行を指差しながらつぶやいた。

「えっと……今日は奈々はお仕事お休み。電話代の支払い期限……一緒にホットライン解約……あと、狩野さんと会う日」

奈々は両手を頬にあててテラスの外を眺めた。

〝狩野さん……戻ってくるのかな。また奈々だまされるんじゃ……やっぱり、あゆみちゃんかリーダーについて来てもらったほうがよかった……〟

昨日、自分あてに青沢とあゆみからメールが来ていたのを思い返した。両方とも、奈々が今日狩野に会うことを心配してのメールだった。

奈々は頭の中で整理するように独り言を言った。

「いや、奈々は自分で片付けなきゃ。奈々がきちんと確認してなかったから、こうなった。みんなに迷惑をかけた。今回は奈々はしっかりと確認をしなければ……」


狩野と会う場所に、奈々は今まで狩野と会っていた駅前のコーヒー店ではなく、空港のレストランを選んだ。狩野が本日羽田空港に到着するので、すぐに事情を聞きたかったのと、いつもの駅前の喫茶店だとまた狩野に対する感情が再燃することを避けたかったからだ。

到着便の知らせが入る。定刻より30分早く到着するようだ。

昨日、青沢から、話し合いなどのときは余裕をもって待ち合わせ場所に行くように言われた。時間がない中であわてて向かうと、頭の中で話す内容がまとまらないからだ。

奈々は自分の手帳を開いた。

奈々の日常は少し変化していた。

まず、手帳になんでも書く癖をつけた。そして、動く前に確認という行動をとることを習慣づけた。最後に、自分が問題だと思ったことに対して、本当にそれが解決するべき問題か？　と問いかけることにした。

もっと、多くのことを案件処理の中で学んだので実行しようとしたが、青沢から、多くをいきなり求めると、全部できなくなるリスクの話をされて、まず3つの行動を実行した。

奈々自身、こんな簡単なもので何が変わるのかはじめは理解できなかったのだが、青沢曰く、行動を変えるときは簡単なことにしないと続かないらしい。青沢はそういうケースをたくさん見てきたということだった。

ということで、奈々は手帳に3つの行動を書いて、毎日実行しているのだ。もっとも、まだ3日目ではあるが。

しかし、やってみると、続きそうだと奈々は感じた。そして、そんなに難しいことではないとも感じた。何かを続けることを始める勇気さえあれば、多くは続けることができるのだとも確信した。

空港の放送が狩野の乗った飛行機の到着を知らせる。

「ハワイアンエア、34便はただいま到着いたしました」

その放送を聞きながら、奈々の頭は一気にフル回転しはじめた。

本当に狩野は戻ってくるのか。これで戻って来なかったら、奈々は警察にそのまま行くつもりだった。それも手帳に書いている。

飛行機が到着して10分経つが、まだ、誰もゲートに現れない。奈々がジャンプして見ると、荷物のベルトコンベアーのまわりには人だかりができており、ようやく、1人、2人、荷物を持ってゲートに向かいはじめているところだった。そして、次第に人のかたまりがゲートから次々と出てき始めた。

奈々はジャンプをしながら狩野を探したが、一向に見当たらない。

ツアー客が奈々の前に並びだす。

「わわ、そこに並んだら、奈々は……ああ、見えない……」

列をかき分けるように奈々が前に出たとき、茶色い皮のスーツケースを引っ張る、紫のサマーマフラーをした狩野の姿が目に入った。

奈々は飛びあがって手を振った。狩野も奈々に気づいたらしく、微笑み返し、少し急ぎ足になってゲートから出てきた。

「やあ。奈々ちゃん、じゃない、ななっち、久しぶりだね、元気だった？」

奈々はすぐに今回のことを確認しようと思ったが、狩野の久しぶりの声と、触れ合ってはいないが、やわらかい暖かさが伝わってきて、声のかわりに涙が出てきた。

「奈々……がんばって……でも……ぐすっ」

「あ、ああ、ななっち、どうしたの。えっと、オレものどが渇いたから、あそこで少し話そうか」

そう言って狩野は携帯電話の電源を入れてからポケットに入れ直した。


飛行機のアナウンスが入るレストランで、2人は窓際の席に座り、狩野はサマーマフラーを首からほどいた。

「いやー。少し時差ボケかな。なんか眠いね」

ウエイトレスが注いだ水を、狩野は一気に飲んで奈々を見つめた。

それを見た奈々も、水を一気に飲んだ。

「あれ、奈々ちゃん。何か怒ってる？ そういえば、メールも変だったね。えっと……〝すぐ帰れ。奈々、空港で待つ〟……これ何、なんだか電報みたいじゃん」

そう言って狩野は笑ったが、奈々は口をへの字にしている。

そして、奈々は手帳を取り出し、あるページを開いて狩野をきっと見つめた。

「お、奈々ちゃん、手帳買ったの。あ、そうか、今週のコンサートの打ち合わせだね。ちょっと待って」

そう言って狩野は自分のスーツケースから手帳を取り出そうとした。話が途切れたタイミングでウエイトレスが水を注ぎに来て、すぐに去った。

「奈々、許しません。これから確認をします。マルバツで答えてください。さっそくスタートします」

奈々は最高に低い声で言った。

狩野は驚いた様子で、あわてて手帳を取り出し、背筋を伸ばした。

「狩野さん……あなた……奈々をだましたんですか？」

「へ……なっちを……ああ、あの件は……」

「だまらっしゃい。マルかバツで答えなさい」

「え……あ、マル、かな」

その言葉を聞いたとたん、奈々の目からは涙があふれ出した。

「やっぱり……ぐえっ……奈々、だまされた」

その様子を見て狩野はあわてながらも反省した様子で言った。

「あ、ごめん。ちょっとふざけたつもりだったんだよ」

「ふざけた……奈々は……奈々は……みんなに……」

「マカダミアナッツがそんなにほしかったんだね」

奈々は泣いたまま、狩野の言葉をオウム返しした。

「まかだみあなっつ？」

「あ、あれ、お土産のことじゃないの？　マカダミアナッツじゃなくて、ドリアンチョコを買ってきたから怒っているんじゃ……」

「ど、ドリアンチョコ……いや、やっぱり奈々はマカダミアナッツが……ちがう、奈々ちがうぞ、そんなことはどうでもいい問題。奈々が言いたいのは持ち逃げの件」

今度は狩野が驚いて、手帳を机の上に置いた。口をつけていないコップの水に、波紋が広がる。

「持ち逃げって？　なんのこと？」

「前売り券の売上げ……奈々はだまされない」

「ななっち、何言ってるの？　オレよくわかんないだけど……」

「奈々をごまかそうとしても無駄っ！　奈々は以前の奈々とはちがうんだから。ミラクルの前売り券のおカネ、全部返しなさい」

「え。全部って、会場の予約とお弁当の予約で前金にしているから、今手元に4万円ほどしかないと思うけど」

「え……奈々、よくわかんない……どういうこと？」

「いや、わからないのはオレのほうなんだけど。つまり、今週のコンサートの資金として預かっているお金のことを言っているの？」

「ほよっ、今週のコンサート⁇　もう終わっちゃったよ、コンサート」

「ええっ？　なんだって？　終わったってどういうこと？　どうして？　前倒しにしたの？」

奈々はいきおいをなくしながら答えた。

「前倒しって？　コンサートは15日って決まってたでしょ……」

「ちがうよ、コンサートは22日って、ななっちが言ったじゃん。たしか、自分の誕生日だって」

そう言われて、奈々の記憶が一気によみがえった。

「……そうだった。奈々の誕生日がコンサートの日だった……」

狩野はまだ飲み込めていないようで、聞き直した。

「まさか、ななっちの間違った日付のポスターと前売り券のままでことが進んだってこと？　つまり、15日で？」

「うん……てこと」

「じゃ、そっちが正しかったんだ？」

「うん……てこと」

「で、オレはひょっとして持ち逃げ犯にされていたってこと……」

「うん……てこと」

「冗談じゃない……何てことだ……もう終わった」

「うん……終わった……」


しばらく沈黙が流れたが、狩野は顔を両手のひらでゴシゴシこすってから、奈々に向き直した。

「なっちも、オレが持ち逃げしたって思ってたんだ……」

「奈々は……思いたくなかったけど……思った」

「オレってそんなに信用ないのか。たしかにチャラっぽいかもしれないけど」

「ううん、ちがう、奈々が悪い。確認しなかったから。……そうだ、それに、奈々、名刺見て会社のある場所にも行ってみたんだよ。そしたら……ちがう会社の看板が出てた」

「ああ、そうか、なるほどね。じつは事務所はレンタルオフィスを使ってるんだ。看板には別の社名が出てたかもしれないけど、ビルの中に入ってもらえれば、案内板のところにイベントKオフィスって名前が出てるよ。でも、勘違いしても仕方ないよな、それは。そこまで説明しなかったし……」

「ううん、それも、奈々の確認もれ……」

そして、またしばらく時間が流れた。

「で、どうだったの……コンサートは」

「うまく行った。奈々とみんなバタバタだったけど…ごめん狩野さん。奈々は……ぐすっ」

奈々はまた大粒の涙を蓄えはじめた。

「いや、オレもなんかイヤな予感がしてたから。ひょっとしたら、あの間違った日付で人集めてないだろうな……って。そこでもう一度確認すればよかったんだよね」

「奈々もあのとき狩野さんに言われたこと、今みたいにメモって、確認していればこんなことにならなかった……奈々ショック」

「そうか、お互いの確認ミスか……いや、まいった。すぐに預かったお金の返金手続き進めるね。でも、オレがいなくても成功したのはよかったけど、オレがいなくても大丈夫だったってのが、少しショックでもあるな」

「奈々も、失敗したけど……狩野さんが戻ってきた……だからショックだけどうれしい」

2人はようやく笑顔で向かい合った。

奈々は手帳に10行ほど用意してあった狩野への質問事項を1つずつ消した。もはや聞く必要がなくなったからだ。

でも、最後の質問、いや確認事項は消せなかった。

「あの、狩野さん……奈々、聞きたいことがあります」

「あ、ああ。なに」

「狩野さん、奈々のこと好きって言ってくれましたけど……」

「あ、ああ……。うん」

「結婚はしていないですよね。奈々そこが知りたい。確認です」

狩野は顔を曇らせたが、奈々の目をじっと見て言った。

「ごめん……じつは結婚を約束している人がいる。結婚したら、一緒に外国に行くことになってる……」

「へ……奈々……奈々……そんな……」

奈々はうつろな目で手帳をワニのバッグにしまい、立ち上がって狩野に一礼した。3歩下がったところで立ち止まり、テーブルの上の伝票を取ると、そのままレジに向かった。

2階のフロアから1階のフロアにつながるエスカレーターに乗りながら、声を押し殺して、涙か鼻水かでぐちゃぐちゃになった顔をハンカチで拭きながら、奈々は自分に言い聞かせるように言った。

「奈々……これでよかった。確認してよかった……よかったんだ。奈々」

3　あゆみの決意

あゆみの背丈よりはるかに高いストライプのカーテンを開けると、白いレースカーテンが朝日を波のように受け、やわらかな白い光を部屋に広げた。

あゆみは昨晩、母親から言われたことを思い出していた。


コンサート終了後、一気に緊張がほぐれて心身とも脱力感の中、帰宅して着替える力もなくダイニングテーブルに座ったときから、待ちかまえたかのように母の貞子は鬼の形相で約1時間ほど、どうして衣装を着替えに帰らなかったのかと、あゆみを攻め立てた。

「あなたは、今まで通り私の言う通りにしていればいいの。言うことが聞けないのなら、そんなバンドなんてつまらないことやめなさい」

朝と同じように新聞を畳んでダイニングテーブルの上に置いた。あゆみに圧力をかけるように……。

あゆみは今までただただ、母の気がおさまるのを、ゲリラ豪雨が過ぎるときのように待っていた。が、今回ばかりは貞子の最後の言葉に、自分が唯一見つけた大事なものを傷つけられたショックで、目で母に無言の抗議をおこなった。

「あゆみちゃん、なに？　その顔。あなたどうしたの。おかしいわよ」

母は嫌悪感を表しながら、あゆみの前に立ちはだかった。しかし、あゆみは動じなかった。

「お母様。私はバンドを続けていくわ。それにつまらなくなんてないから……」

絞り出すようにあゆみは母親に言ったが、最後まで息が続かなかった。

母親は表情を強ばらせ、

「いいえ、つまらないわ。どちらにしてもあなたはこのバンド辞めざるを得ないのよ」

「え、辞めざるを得ないって……どういうこと」

母親はあゆみに背を向け、冷蔵庫の扉を開けてオレンジジュースのパックを取り出し、2つのコップに注ぎ終わると、言った。

「お父様が、中国に転勤になったの。だから、バンドなんて続けられないし、ケーキ屋にも就職できないわ。ケーキ屋には今日電話して、店長さんに今月で辞めるって言っておいたから」

「えっ、そんな……お父様が中国に転勤……いつなの？」

「来月よ。あ、大丈夫よ、あなたの就職先もお父さんにお願いして現地でみつけてもらいますから」

あゆみは思わず立ち上がって呆然としていたが、イスに座りなおして考えた。母はあゆみの前にオレンジジュースのコップを置き、自分もあゆみの正面に座った。北京での暮らしについて、あゆみに一方的に話している。気温がどうやら、食べ物がどうやら。

しかし、あゆみにはそんなことはどうでもよく、自分が今激流の分岐点に差しかかっていて、その分岐点がどんどん近づいてくるのが見えた。今までのあゆみの人生には、分岐点らしい分岐点はなかった。流されるままに流され、母の示す方向に進んでいたのだ。しかし、今回ははっきりと分岐点が見え、どちらに進むかは自分で決めなければならないと強く感じた。

それは中国に行くかどうかということだけではなく、自分で切り開く道か、それとも他の誰かが開いた道か、という分岐点にも思えた。

どちらが正解かはわからないし、それを決める自信もあゆみにはなかった。今まで通り母の意思決定に従えばよいという考えもあったが、自分で決めなければ将来大きな悔いになると確信していた。

ている。

「あの、私……少し考えたい」

分岐点を前に、流れに少し逆らった言葉がこの言葉だった。上機嫌で話していた貞子は、突然のあゆみの発言に言葉をなくして、下唇を震わせている。

「あゆみちゃん、何言ってるの？ 考えるって、何を考えるの？ ……まさか、あなた日本に残るつもりじゃないでしょうね？ そんなこと、お母さん、絶対許さない。今までも、お父さんと一緒に行ったじゃない。あなたは中国に来るの。いいわね」

あゆみは貞子を直視したまま言葉を発しなかった。貞子はあゆみの無言の返事に対して、より一層駆り立てるように言った。

「あなたは私の言う通りにすれば間違いないの。北京には3年ほどだからそれから日本に戻ってくればいいでしょ。私はあなたのためを思って言っているのよ。いいわね。あなたが今言ったことはお父様には言わないから、今後おかしなことは言わないで。いいわね」

あゆみはその母親の今まで見たことのない形相と圧力的な言葉に、今まで通り、ただうなずいた。

昼、あゆみは奈々と公園のベンチでドーナッツを食べていた。

あゆみは奈々に昨晩あったことを話した。

「ええっ、マジですかあっ。あゆみちゃん、中国に行っちゃうの？　奈々、激震レベルのショックっ」

「うん。来月らしいんだ」

「と、言うことは、と、言うことは、……あゆみちゃんとドーナッツ食べられない……ちがう、あゆみちゃんともう会えない……ケーキのたまも辞めちゃうの？　うっわーあん」

「奈々ちゃん……」

「うわあああああん。ワッワッワーん。はあはあはあ、あゆみちゃんがいなくなるっ、ぐわあああん」

「奈々ちゃん……泣かないで。実はまだ迷ってるんだ……だから」

「ふえっ、でもお母さんが言ってるってことは、あゆみちゃん行くってことじゃないの？」

「うん……だけど、今回は自分で決めようと思う。どうなるかわからないけど……」

奈々は日のしずくを手の甲で払い、言った。

「ってことは、まだいられるかもしれない。奈々、まだ期待がある。うん、よかった」

奈々はあゆみの手を取り上下に振った。

「あっ……」

その瞬間あゆみの持っていたドーナッツが地面に落ち、3つのかけらにわかれた。

「ゲッ、奈々またやっちゃった……ごめん。あゆみちゃん」

奈々はあやまりながら、自分のドーナッツを2つに割ってあゆみに差し出した。

そして片目をつぶりながら、奈々はいたずらっぽく笑った。

あゆみも笑いながら下に落ちたドーナッツを拾おうとしたとき、グラウンドからサッカーボールが転がってきた。

「あっ、ボールがボールがっ……あゆみちゃん！」

「えっ」

あゆみがグラウンドのほうを振り向くと同時に、ボールがあゆみのしゃがんだ腰に軽くあたり、左に少しそれて止まった。

どうやら、サッカーをしている小学生のボールらしい。

50メートルほど離れたところから小学生がこちらに向かって、疲れたように歩いてくる。

奈々はあゆみに、

「あゆみちゃん、ビッグシュートしちゃいなよ」

「ええっ、私無理。サッカーは苦手……」

小学生はどうやら蹴り返してくれると思って待っている。

「大丈夫だよ、エイッって。ほら、あゆみちゃん」

奈々は笑いながらあゆみに言ったが、あゆみはボールを手にしたものの躊躇した。

〝蹴ってとんでもないところに行ったらどうしよう。いや、蹴った足がボールにあたらなかったら……〟

遠巻きに見ている小学生たちは返ってこないボールに少しイライラしているように、体を振ったり、石ころを蹴っている少年もいる。

奈々はそれを見てあゆみに言った。

「あゆみちゃん、じゃあ、奈々が蹴るよ」

奈々はそういって手を差し出した。

あゆみはボールを見つめながら思った。

〝いつまで他の人に身をゆだねて生きていくんだろ、私〟

そして、地面にボールを置いて、パンプスのつま先で思いきりボールの中心を蹴った。

「ああっ……ははは、すごいすごい、あゆみちゃんすごいじゃん。走れ少年っ、ぎゃはは」

あゆみの蹴ったボールは少し右にそれ、数人の少年がボールが到着するであろう場所を目がけて走って行った。

「あゆみちゃんやればできるじゃん。すごいよ。見直した。はじめて見た。あんな力強いあゆみちゃん」

あゆみはボールをグラウンド内に戻して、再びサッカーを始めた少年たちを見ながら、言った。

「うん、実はサッカーボールを蹴ったのは、生まれてから2回目だよ」

「奈々びっくり。2回目かあ。で、1回目は……前言ってたあの試合……かな」

奈々は少し気を遣いながら言った。

「そう、小学3年生のときの……クラス対抗試合かな……」


あゆみの学年は5クラスあり、勝ち抜き戦がおこなわれていた。

あゆみのクラスは決勝戦まで残り、決勝戦であゆみは先生から試合に参加するように指示された。クラス全員を1度は試合に参加させる配慮だったのだろう。

あゆみはできるだけボールが来ないところにいた。ボールを全員が追って団子になっている場所から離れて見ていた。

すると、そこに団子から抜け出たボールがふわっと浮いて、あゆみの目の前で止まった。

両サイドから歓声があがる。

〝早く蹴れ〟

〝何やってるんだ〟

あゆみはどうすればいいかわからなかった。

ただ、目の前にはあわてるゴールキーパーがいて、それ以外は何も障害がない。

敵味方混在した団子は、あゆみのほうに向かおうとしている。

〝早く蹴れ〟

大声と複数の怒鳴り声のようなものが聞こえる。

あゆみはボールを足でつついたものの、怖くなり後ずさりした。

〝早く蹴れ〟

その声が鈴なりに聞こえて、あゆみは動かされるようにサッカーボールを蹴った。

目を開けるとあゆみの蹴ったボールは、ゴールの横をそれて、歓声が落胆の声に変わった。


そしてそこで笛が鳴った。


あゆみのチームは負けた。

チーム同士が礼をし、解散したとき、チームのメンバーは、

「どうしておまえが蹴ったんだよ」

「あの距離でゴールをはずすなんておかしいんじゃない」

「おまえのせいだ」

グラウンドにしゃがんで泣くあゆみに追い打ちの言葉を投げつけて去って行った。

あゆみは担任の先生が迎えに来るまでその場で動けずにしゃがんだまま、クラスメイトの言葉を、自分自身を責めるように反芻していた。

奈々はもう1つドーナッツを出してあゆみと半分に分けた。

「そうかあ、奈々気持ちわかる。あゆみちゃんはがんばっただけだよね」

「うん……でも、あのとき思ったんだ。私は何もしないほうがいい、あのときも、ボールを蹴らずに他の誰かに渡しておけば、少なくとも私のせいで負けたとは言われなかったもん」

奈々は腕組みをして考えた。

「そうだよね。奈々は逆になんでも自分でしたがるから、あゆみちゃんと逆だよね。でも、奈々だったら蹴らなくて後悔するより、蹴って後悔したほうがすっきりするな。リーダー、いや元リーダーも言ってたけど、やらないで後悔するのは最大の判断ミスだって。奈々はよくわからないけど」

そう言って、半分のドーナッツにパクついた。

「うん、今はじめて思った。もしあのボールを蹴らなかったら、また後悔が増えたと思う。判断しないことで今までたくさん後悔があったんだな、と思った」

「奈々……よくわからないけど……あゆみちゃん、あのコンサートからなんか変わったね。

大人の女子って感じ……よくわからないね。奈々もわかんないや」

あゆみは指についたシュガーの塊をペロッとなめて、うなずいた。

あゆみはその晩、母親と父親のいる前で自分の判断を伝えた。

4　それぞれの出発

「はい、ダブルチョコエクレアが2つとストロベリーエクレアが1つですね。以上でよろしいですか」

奈々はトングでエクレアをはさみ、手早く箱に入れた。

「おっとっ、確認確認。お客様、お持ち歩きのお時間はどのくらいですか？　30分以上でしたらドライアイスをお入れします」

お客様の反応を見ながら、ビニール袋にドライアイスを入れ、破裂しないように細かい穴をあけた。

「ありがとうございます。またお越しくださいませ」

奈々はお客様を見守った。

その横にそっと店長の青山みあが立ち、一緒にお辞儀をして姿勢を戻してから奈々に言った。

「柴田さん、すごいじゃない。きちんと接客できたじゃない。見直したわ」

「店長ーっ。ひっどーい。奈々はあたりまえができない子だと思っていたんですかあ。奈々は確認のプロですよーっ、まかせてくださいっ。奈々がんばります」

「そうねえ、発注ミスも減ったし、というか、他の人の発注ミスにも気づいてくれたしね、時給アップを本社に申請しておいたからね」

奈々は両手をあげて喜んだ。

「ひゃっほーっ。奈々はとうとう富裕層に向けて歩き出したっ。あっ、店長ついでに、お願いがありますっ」

「な、何？　なんか怖いな、柴田さんのお願いは」

「あの、お給料なんですが。振込じゃなくて、全部現金にこにこ払いにしてほしいです。で、全部五百円玉で。いいでしょ。店長っ」

「ご、五百円玉っ。どうして？」

「奈々は計画性ないので、お給料入るとすべて使ってしまって、給料日前になるとピーピーひもじい状態になります。だから、1日500円に分けて、それを少しずつ使おうとひらめいたのですっ」

「は、はあ、よくわかったような、わからないような……しかも、全部五百円玉って、たとえば15万円のお給料だと300枚になるわよ。たぶんあの工具箱くらいの重さよ」

「奈々、大丈夫です、給料日に千両箱持ってきますから。それを担いで、えいって帰ります」

「ははは、柴田さんらしいけど。わかった、本社に聞くだけ聞いておくわ。でもあまり期待しないでね」

奈々はみあの前でぴょんぴょん飛んで喜んだ。


「こら、誰だ、ドライアイスの箱のふたを開けっぱなしなのはっ」

副店長の金田の声がするカウンターを見ると、金田の足元が見えないほど、モクモクと白い煙が箱から出ている。

奈々は飛ぶのをやめてとっさに青山みあの陰に隠れた。

「どうせ、柴田の仕業だろ、どうして確認をしないんだ。こら、柴田はどこに行った」

金田はきょろきょろ見まわして奈々を探している。

「しまった、奈々、またやってしまった……確認もれ」

奈々はバックヤードに逃げるように走ってその場を離れた。

「あ、奈々ちゃんおはよう」

走りこんできた奈々を見て、あゆみがにこやかにあいさつした。

「あ、あゆみちゃん。おはよう。っていうか、奈々、今逃亡中。あゆみちゃん、かくまって、お願い」

奈々はそう言うと、ロッカールームの扉を開けようとしているあゆみの背中を押して、ロッカールームに逃げ込んだ。

「やばい、やばい……。あ、あゆみちゃん、それで昨日どうだった？　奈々心配っ」

「あ、大丈夫。……でもないけど、自分の考えはきちんと伝えて、……私、ひとり暮らしをしようと思うんだ、奈々ちゃん、部屋探すの一緒に手伝ってくれる？」

「おおっ。ということは、あゆみちゃん。日本に残るんだ。ここ続けるんだ。わーあいっ」

奈々があゆみの手をとって喜んだ。その瞬間、ロッカールームのドアが開いた。みあだった。

「まあ、柴田さん、ここにいたのね？　仲さん、ごめんね、話聞いちゃった。よかったら本当は社員しか入れないけど、うちの会社の寮があるけど。どうかな。仲さんも社員を目指しているんなら話をするわよ」

あゆみは下唇をかみしめた。その様子を見てとりなすようにみあは言った。

「あ、ごめんね。仲さん。お母さんと相談して決めていいからね」

5秒ほどあゆみは表情を変えずにいたが、そのあと、みあをしっかりと見ながら、

「あの……寮の件、お願いできますか？　いろいろ比べてから決めたいと思います」

みあは電気が走ったかのように顔を少し動かした。

「うん、わかった。……そうね。そうするといいね」

みあがうなずきながらそう言うと、あゆみもうなずき返した。


「こら、柴田、こんなところでまた油を売りおってっ」

金田が、ロッカールームから出てきた奈々のウサギの耳のような髪の毛をつかんだ。

「ぎゃっ、奈々つかまった。金じい許して。それに奈々は石油なんて売ってませんっ」

「ばかもん、それより、おぬしに例のバンドのリーダーが会いにきてるぞ」

「え、青沢さん？　そうか、今日向こうに行く日だった。立ち寄ってくれたんだ、ね、あゆみちゃん」

あゆみも満面の笑みで答えた。

「うん。今日の飛行機だね。もう、しばらく会えないからあいさつしたいね。でも、仕事

中だから店長に許可を得たほうがいいかも……」

「よしっ、私が許可する。店長には私が言っておいてやるから5分だけ話してこい」

奈々は金田の言葉を聞いて飛び跳ねて、金田の肩を軽くたたいた。

「やるぅ。金じぃ。頭が輝いて見えますぅ。奈々、見直したよ」

「なぬ。金じぃはやめろと言っているだろ。罰として3分に短縮だ」

あゆみは金田に一礼しながら、どぎまぎしている奈々を引っ張って売場に出て行った。

青いジーンズに黒いジャケット、そして銀色の縦型のキャリーバッグを持った青沢が、店の前でお客様の邪魔にならないような場所を選んで立っている。

バックルームから出てきた2人を青沢は見つけて、手を振った。

2人は青沢の近くに小走りで近づき、小さい三角を作るように隅に集まった。

「ごめんね。仕事中に。最後に顔を見ておこうかと思ってね」

奈々はぶるぶると顔を横に振った。

「全然、だって奈々ちょうど副店長から追いかけられてたところだから。ね、あゆみちゃん」

「はい、でも立ち寄っていただいて本当にうれしいです」

青沢は2人の言葉を聞いて安心しながら、腕時計を見た。

あゆみがその様子を見ながら心配そうに尋ねた。

「飛行機、何時なんですか？」

「えっと、16時発だから15時には成田に着きたいね」

「じゃあ、もう行かないと……でもさみしいです。青沢さんがいなくなると」

あゆみは視線を落としながら言った。

「はは……そうだね。半年後くらいにまた帰ってくると思うよ。そのとき、また旧ミラクルのメンバーで集まろうね」

奈々は手をあげて言った。

「はーいっ、奈々が会場手配しますっ」

青沢は少し戸惑ったように答えた。

「はは……奈々ちゃんにまかせて大丈夫かな……」

奈々は少し頬を膨らませて単語を吐き出すように言った。

「奈々、大丈夫だもん。奈々、確認のプロになったんだもん、新生スーパー奈々だもんっ」

「ははは、ごめんごめん、そうだね。……そういえば、新生ミラクルは進んでいるの」

「おおっ、そういえば奈々、新生ミラクルのポスター、昨日書いたんだ。ちょっ、ちょっと待ってて」

奈々は手を思いきり振りながらバックルームに突進して行った。

あゆみは笑いながら
「新生と言っても、鬼塚さん、野木さん、柴田さんと私、4人なんですけど」

「いいんじゃない、みんなの目指す方向が一緒なら……リーダーは誰になったの？」

「それが、奈々ちゃんが立候補したんですが、鬼塚さんと野木さんが反対して、結局……」

「うん」

「私になっちゃったんです」

あゆみは照れて下を向いた。青沢は口をしばらく開けて、

「ほーっ。それは驚いた。なっちゃったということは、無理やりなのかな」

「いえ、実は自分を成長させる意味でも、なりたいな……と。というか、青沢さんがあのときにいろんな判断を的確にされたじゃないですか。あれを見て……青沢さんのようになれればいいな、って」

「そうだね。人には必ず十分すぎるほど能力があるんだ。でも、ほとんどの人はその能力を発揮する場所がないまま……いや、発揮する場所に出ようとしないまま、終わってしまう……そうなりたくないから、オレも今回、日本を離れる判断をしたんだけどね」

「ええ、私もあの一件で、まだ少し怖いですけど、自分で自分の行く道を決めて進んでいくようにしようと……失敗しても、今の自分なら取り返すことができそうに思いました」

「あゆみちゃんは……なんというか……何か大きなブレーキがはずれたような感じだね。以前のモジモジも、あれはあれであゆみちゃんだったけど」

　そういって少し笑った。

「あ、それと、野木の話聞いたよ」

　あゆみは頬を桜色にして目線をはずして答えた。

「あ、はい……」

「あいつらしいね。いきなりプロポーズなんて」

「ええ、びっくりしました」

「なんて言われたの」

「え、あの……オレの音楽を一生聞いてくれって……」

「はは、あいつらしいね。で……」

「えっと……これからゆっくりと……あ、インバスケット思考的に保留って言うんですか」

「うん、前向きな保留だね」

　2人はケーキのたまの向かいのラーメン屋で頭に白いタオルを巻いて働いている野木を見た。

　奈々が片手にポスターを入れた筒を持って大きく手を振りながら走ってくる。メイド服のような制服を着て、陸上競技の選手のように走る奈々をまわりの客はあっけにとられて見ている。

「はあ、はあ、おまたせ……はあ、はあ……これ新生ミラクルのポスター……はあはあ」

差し出された筒を開いて、青沢は驚いた。

「奈々ちゃん……これ……」

「はあ、はあ、すごいでしょ…………今度の新生ミラクルは……」

「いや……白紙なんだけど」

奈々は一瞬固まって、恐る恐る青沢が引っ張り出したポスターを広げた。

「あっちゃーっ、またやっちゃった。奈々ショックですっ。間違った……」

「ははは、相変わらず、バタバタ奈々ちゃんだね」

「あー、元リーダーひどいです。バタバタ奈々って……でも、元気そうでいいかも」

「奈々ちゃん、私はさっき青沢さんから、『モジモジあゆみ』って言われたから」

「おおっ。それもいい……でも、あゆみちゃんはもうモジモジじゃないよ。ね」

「奈々ちゃんもね、バタバタじゃないよね」

2人は顔を見つめながら笑った。

青沢は時計を見て、キャリーバッグの持ち手をにぎった。

「じゃあ、そろそろ行くよ」

「あっ、じゃ、写メで新しいポスター送ります。あっ、確認、メールアドレスこれでいいですか？」

奈々がそう言うと、青沢はゆっくりと動きながらうなずいた。

「いいよ、待ってるね。じゃあ半年後、バタバタとモジモジが消えた2人と会えることを楽しみにしてるよ」

そう言ってモールを改札に向かって歩いて行った。

2人は手を振りながら、人ごみに見え隠れする青沢を見送った。

改札を通り、下へ続くエスカレーターから青沢が手を振り、そして消えた。

おわりに

原稿を書き終えて、あゆみと奈々がこれからどのような人生を歩んでいくのか、しばらく、飛行機の中から厚い雲を下に見ながら考えていました。

すべてがうまく行くことはないでしょう。しかし、小さなことでも流れに流されるのではなく、少しでも方向を変えようとすることで、きっとあゆみと奈々だけではなく、変えようとする人すべてが良い方向に変わるはずです。

みなさんの今の状況を擬音で表すとどのような音でしょうか。
私の20代、いや30代もかもしれませんが音にするとこのような感じでした。

「バタバタ」
「オドオド」
「クヨクヨ」

今でこそ40代に入った私は、インバスケット研究所の代表として、そしてインバスケット・コンサルタントとして、今まででは考えられないほどの大きな判断や多くの方との関わり合いを持っています。そして、まわりの方に支えられ、達成すべきミッションに向けて確実に近づいていると思います。

しかし、インバスケット思考に出会うまでは、ある企業の一員として、いつまでも抜け出る気配のない暗雲の中を小さな飛行機で飛んでいるような生活を送っていました。

そのときの状態が先ほどの〝バタバタ〟〝オドオド〟〝クヨクヨ〟なのです。

バタバタとはとにかく忙しく、めまぐるしく動き回り、バタバタがバタバタを呼ぶ状態です。次に何をするべきかよりも、今目の前に現れた案件を片づけることに精いっぱいです。たとえると突然多くの隕石が目の前に現れた宇宙船のような感じです。

バタバタしている割には、成果があがるどころか、上司からは後ろから突かれるようにせかされて評価もされません。

「何やっているんだろう」

とつぶやくことが精いっぱいの状態です。

次にオドオドです。オドオドとは自分の思ったことを言えない状態です。たとえば会社で会議をしていても、自分に矛先が向けられないかをつねに心配したり、自分の意見があっても反論されたらどうしよう、などと不安になり、それなら言わないほうが賢い選択と考える状態です。

メールボックスを開いても、何かトラブルが起きていないことを祈ったり、上司からの電話を取るのも手に汗をにぎるような状態です。

さらにクヨクヨは、このようなバタバタ・オドオドを情けなく思って自分を責めたり、自分の判断を悔やんだり、ときには仲間同士で、うまくいかないことを、会社や経営者のせい、社会のせいに置き換えたりする後ろ向きな状態です。

今はこの状態はまったくないというと大げさになりますが、今の音は、

「テキパキ」

「ノビノビ」

「イキイキ」

といったところでしょうか。

この状態の移り変わりは、時間が経てば変わるということはありません。多くの場合、バタバタしている方は、そのままバタバタして一生を過ごされますし、クヨクヨしている方は、時間が経つとさらにクヨクヨして過ごされます。

私の〝音〟が変わったのは、自分の行動を変えたからです。

とはいっても、大したことをしたわけではありません。ほんの少し計画の立て方を変えたり、確認というプロセスを入れたり、判断の方法を変えただけです。大きな投資もしていませんし、長期間のセミナーを受けたわけでもありません。

バタバタしている人にはバタバタする原因があり、その原因が外にではなく、自分の中にあるのは間違いない事実です。外に原因を求める方もいますが、私はその方がたとえ職場を変わられても、恵まれている状況にいてもバタバタしているのを知っています。

オドオド、クヨクヨしている方も同じです。

たとえば携帯電話をスマートフォンもしくは新しい機種に替えられた経験を思い出してください。今までの携帯でも使えるので、本当は今まで通りの携帯の機種がいいのですが、何かの理由で変えなくてはならない状況になったとき、おそらく、オドオドと判断したり、変えた当初はうまく機能が使えなくてクヨクヨした経験があるでしょう。

しかし、今の機種にいざ替わってみると、ほとんどの方が前の機種に戻りたいとは思わなくなっているはずです。

つまり、オドオド、クヨクヨの原因は自分の中にあり、そのほとんどがあなたが作り出しているものなのです。

ここ数年、判断に対する見方が大きく変わってきています。

少ない情報や想定外の環境の中で判断せざるを得ない状況が、私たちの身近で起きているからです。

自然災害やリストラ、過酷な就職活動やいじめ自殺問題、このようにひとくくりにできないような大きな判断を、私たちはせざるを得ない状況です。

バタバタ、オドオド、クヨクヨしている方は、厳しい言い方をすると淘汰されるかもしれない時代です。

私はインバスケット講師として今まで3千人を超えるビジネスパーソンと会い、その方々の判断スタイルや問題解決のプロセス、優先順位のつけ方を分析し、傾向や癖を指摘させていただいてきました。

そして、その方の行動を変えるスイッチを探して、オンにするお手伝いをしています。

拙著の『究極の判断力を身につけるインバスケット思考』を読んでくださった読者の方からも、スイッチがオンになったとのうれしいお声をいただきました。

スイッチをオンにするために大切なことは、自分のどこにスイッチがあるのかを探すことです。

もちろん、本の通りにうまくいかないかもしれません。

しかし、私は多くの方が変わられたのを実際に見てきています。

変化した方の顔は、以前とはまるで別人のような、輝いた、そして解き放たれたような明るさを持っています。

話すスピードもゆったりとして、自信に満ちて、過去の自分を笑って語っています。

昔、私の上司が駅で宝くじを買おうとしていました。

私もすすめられましたが、首を振って〝宝くじなんて当たる確率がほとんどない〟という話をしました。

その上司から返ってきた言葉を今でも覚えています。

「たしかに当たらないかもしれないが、買わなければ絶対に当たらない」

その言葉を聞いたときに私は宝くじの話ではなく、私自身のことを言われたようでドキッとしました。

参加しないのに楽しくない、食べてもいないのにおいしくない。相手を本気で探していないのに結婚できない。

まわりからよく聞く言葉が頭に浮かびました。

それ以来、必要以上に自分をあきらめさせるのではなく、やってみてあきらめる癖をつけたのです。

繰り返しますが、本の通りうまくいかないかもしれません。しかし、動き出さなければ絶対にうまくいかないのです。うまくいかなければ方法を変えればいいし、いつでも私に相談を投げかけてください。客観的な立場からご助言をしたいと思います。

本書があなたの日ごろの判断スタイルや仕事の進め方の癖を見つけるきっかけになり、そこから行動を変えるきっかけになることを祈っています。


最後になりました。

本書を執筆するにあたり、WAVE出版の手島朋子さんはじめ多くの方のお力により、大事な読者の皆様に本をお届けすることができました。

文章ではそっけないですが、大いなる感謝をこめて御礼申し上げます。

本書が少しでもあなたの幸せのお役に立つように、心から祈りながら執筆を終えたいと思います。

お読みいただきありがとうございました。

2012年11月
株式会社インバスケット研究所　鳥原隆志

鳥原隆志（とりはら・たかし）
株式会社インバスケット研究所 代表取締役
インバスケット・コンサルタント
大手流通業にて、さまざまな販売部門を経験し、スーパーバイザー（店舗指導員）として店舗指導や問題解決業務に従事する。昇格試験時にインバスケットに出合い、トレーニングと研究を開始する。その経験を活かし、株式会社インバスケット研究所を設立。これまでに作成したインバスケット問題は、ゆうに腰の高さを超える。現在、日本で唯一のインバスケット・コンサルタントとして活躍中。著書に10万部のベストセラーとなった『究極の判断力を身につけるインバスケット思考』、『入社2年目のインバスケット思考』、『人を動かす人柄力が3倍になるインバスケット思考』（以上小社刊）、『いまから、君が社長をしなさい。』（大和書房刊）、『たった5秒思考を変えるだけで、仕事の9割はうまくいく』（中経出版刊）などがある。

株式会社インバスケット研究所公式ホームページ
http://www.inbasket.co.jp/

個人向けインバスケット情報サイト「インバス！」
http://www.eonet.ne.jp/~in-basket/

インバスケットメールマガジン
http://www.mag2.com/m/0000277810.html

〒599-8236
大阪府堺市中区深井沢町3268-1　千寿ビル10階
株式会社インバスケット研究所
TEL:072-242-8950／E-mail:info@inbasket.co.jp

本番5分前！ 絶体絶命な彼らの華麗なる決断
バタバタ状態を乗り切るインバスケット思考

2012年11月27日 第1版第1刷発行

［著　者］鳥原隆志
［発行者］玉越直人
［発行所］WAVE出版
〒102-0074　東京都千代田区九段南 4-7-15
TEL 03-3261-3713　FAX 03-3261-3823
振替 00100-7-366376
E-mail：info@wave-publishers.co.jp
URL：http://www.wave-publishers.co.jp
［印刷・製本］萩原印刷

ISBN978-4-87290-594-6